Joris

Arena-Taschenbuch
Band 0326

Franz S. Sklenitzka,
geboren 1947, zählt zu den bekanntesten Kinder- und Jugendbuchautoren Österreichs. Seine Bücher, die er auch selbst illustriert, wurden in mehrere Sprachen übersetzt. Sie erhielten zahlreiche Auszeichnungen. In der »Werkstatt« des ehemaligen Volksschullehrers entstehen auch Comics, Schulbuchbeiträge und Hörspiele.

Arena-Taschenbücher von Franz S. Sklenitzka:

»Drachen haben nichts zu lachen« (Band 1441)
»Hase und Igel« (Band 1853)
»Der Schatz im Ötscher« (Band 0316)
»Krimi-Rallye« (Band 0317)
»Wer war es wirklich?« (Band 0319)

Franz S. Sklenitzka

Die Ruine

Ein interaktives Leseabenteuer

Arena

1. Auflage als Arena-Taschenbuch 1996
Lizenzausgabe des Verlags Niederösterreichisches Pressehaus, St. Pölten – Wien

Reihenkonzeption: Karl Müller-Bussdorf
Umschlagillustration: Angela Weinhold
Innenillustrationen: Franz S. Sklenitzka
Gesamtherstellung: Westermann Druck Zwickau GmbH
ISSN 0518-4002
ISBN 3-401-00326-7

Abenteuer im Nordwald

Dein Reiseziel steht fest: Es ist eine geheimnisvolle, stille Landschaft abseits der großen Straßen – das Waldviertel, das alte, sagenumwobene Grenzland nach Böhmen und Mähren, ein Land der tiefen Forste und der trutzigen Burgen. Einsam und urtümlich ist es bis heute geblieben …

Du willst dir alt-ehrwürdige Stifte und Klöster ansehen, Schlösser, Ruinen. Du hast von riesigen Granitblöcken gehört, die heute noch Rätsel aufgeben. Ja, du willst auch das „andere" Waldviertel kennenlernen, all das, wovon man tagsüber nur die Spuren sieht: Schalensteine, Opfersteine, Hünengräber – es soll nachts angeblich zu geheimnisvollem Leben erwachen. Insgeheim bist du darauf gefaßt, auf einer der Burgen einem echten Gespenst zu begegnen. (Du interessierst dich nämlich – so nebenbei – auch für Geister, für übersinnliche Wahrnehmungen). Nicht ohne Grund gilt das Waldviertel manchem als verwunschener Ort, und Legenden über Spukplätze gibt es in diesem Landstrich genug. „Silva nortica" – Nordwald – wurde das Waldviertel früher genannt. Nordwald – Zauberwald! Wo sonst soll der Geist des hingerichteten Räuberhauptmanns Johann Georg Grasel umherirren, wenn nicht hier?

Noch vor zweihundert Jahren hätte dir jeder entsetzt von dieser Reise abgeraten. Damals trieb sich im Waldviertel allerlei Gelichter herum, abgeschoben von der kaiserlichen Justiz: kleine und größere Gauner, Diebsgesindel, Räuber und Gewalttäter, aber auch aufmüpfige Freigeister, also Leute, die man in der Haupt- und Residenzstadt Wien nicht haben wollte. Sie waren – in der Zeit vor der Eisenbahn – im Waldviertel so gut wie verbannt. Ortsnamen wie Mörtersdorf (= Mördersdorf) bei Horn, Galgenberg oder Galgenfeld erinnern an diese unselige Verschickungszeit.

Heute ist das Waldviertel ein beliebtes Urlaubsziel für Menschen, die nicht mit den Massen reisen wollen. Wer lieber am überfüllten Sandstrand in der Sonne schmort, ist hier fehl am Platz. Wer aber in seinem Urlaub auch gern einen Ausflug in die Geschichte macht, der kann hier seine wahren Wunder erleben.

Du glaubst es nicht? Laß dich überraschen!

Garantie ✻ Garantie ✻ Garantie ✻ Garantie

Du bist umsichtig? Mutig? Schlau? Zäh und ausdauernd? Du bist verständnis- und humorvoll, hast gute Nerven und verlierst nicht gleich die Fassung? Gut. Eigenschaften wie diese wirst du brauchen, wenn du weiterlesen willst.

Du leidest unter Angstschweiß und Herzflattern? Du hast einen unruhigen Schlaf und neigst zu Alpträumen? Bist schreck- und zaghaft, ängstlich, nervös und rasch entmutigt? Du kannst Enttäuschungen nur schwer verwinden? Und humorlos bist du obendrein? Du solltest das Buch spätestens an dieser Stelle aus der Hand legen – und zwar rasch! Vielleicht kannst du es jemandem schenken, der eher dafür geeignet ist (siehe oben).

Garantie ✻ Garantie ✻ Garantie ✻ Garantie

Für alle, die weitermachen wollen: Achtung, liebe Leserin, lieber Leser! Diese Geschichte ist wie ein Irrgarten – aber es gibt einen Weg, der ans Ziel führt. Abkürzungen sind eher selten, Umwege schon häufiger. Du wirst auf allerhand Hindernisse stoßen, merkwürdige Gestalten werden dir begegnen und unheimliche Vorkommnisse dafür sorgen, daß deine Reise nicht eintönig wird. Es kann – und das muß spätestens an dieser Stelle gesagt werden – jederzeit geschehen, daß du auf der Ruine von einem herunterfallenden Mauerstein getroffen wirst oder daß dich ein Minnesänger zwingt, seinem Liebesgedicht zu lauschen. Möglich, daß du auf einer schmalen Treppe abgleitest und/oder in den Brennesseln eines verfallenen Burggrabens landest. Aber auch Schlimmeres ist denkbar: Da faßt nachts, vielleicht genau zur Geisterstunde, eine eiskalte Hand nach deiner Kehle – oder ein furchterregender keltischer Krieger kreuzt deinen Weg. Laß dich nicht gleich entmutigen. Mit solch unangenehmen Zwischenfällen müssen Abenteurer wie du nun einmal rechnen – und fertig werden! Wenn nicht im ersten Anlauf, dann eben im zweiten, dritten oder vierten. Oder im zweiundfünfzigsten. Also, auch wenn es nicht danach aussieht: Diese Geschichte läßt sich erfolgreich zu Ende bringen! Dafür garantieren wir. Wir, die vereinigten Burg- und Schloßgeister, Nachtmahre und Nebelfrauen des Waldviertels. Hals- und Steinbruch! Du wirst es brauchen! Wie heißt es nur? Geisterstund' hat Gold im Mund. Vergiß das nicht!

Das Spiel kann beginnen!

Lesen auf eigene Gefahr!

AUFGEPASST! Solltest du zu einer Würfelstation kommen und keinen Würfel bei dir haben, kannst du dieses Buch als eine Art Daumenkino benützen. Das geht so: Du läßt die Buchseiten unter deinem Daumen rasch durchlaufen und hältst bei irgendeiner Seite an. Das Würfelbild auf dieser Seite zeigt dir die Augenzahl, die du „gewürfelt" hast.

1

Stift Altenburg ist die erste Station deiner Reise. Nicht daß du unbedingt nach dem Alphabet vorgehen willst, aber irgendwo mußt du ja beginnen. Noch ahnst du nichts von den Ereignissen, die bald schon über dich hereinbrechen werden. Du besichtigst die Kirche, bewunderst die großartige Bibliothek. In der Krypta, dem unterirdischen Kirchenraum, betrachtest du schaudernd die verschiedenen grotesken Darstellungen des Todes. Du läßt dich durch die Sala terrena führen, betrittst die prunkvolle Kaiserstiege und bestaunst die Kunstgegenstände in der Schatzkammer. Überwältigt von den vielen Eindrücken gelangst du nach zwei Stunden wieder ins Freie – in den Großen Stiftshof. Du fühlst dich etwas benommen. Das grelle Sonnenlicht blendet, und du beschattest die Augen mit deiner Hand. Weiter bei **2**.

2

Da tritt plötzlich ein Fremder auf dich zu. Sein Gesicht ist blaß und schweißüberströmt. Zitternde Hände strecken dir ein längliches Paket entgegen. Mit heiserer Stimme fragt er dich, ob du es nicht einen Augenblick für ihn halten könntest. Nein, er fragt nicht; er bittet, er beschwört dich fast, ihm das Paket abzunehmen. Der Mann scheint in großer Bedrängnis zu sein. Du zögerst. Bist du einverstanden? Willst du dem Fremden den Gefallen tun? Dann weiter bei **3**. Oder lehnst du ab? Weiter bei **91**.

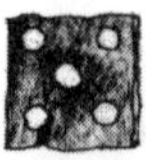

3

Ob du einen Arzt rufen sollst? Der Mann macht dir einen elenden Eindruck. Du willst und kannst dem Bedauernswerten seine Bitte jetzt nicht länger abschlagen. Diese kleine Gefälligkeit, denkst du, ist das mindeste, was du für ihn tun kannst. Daß du dich damit auf ein haarsträubendes Abenteuer einläßt, ist dir zu dieser Stunde – natürlich – noch nicht klar. Du nimmst das Paket an dich, während sich der Unbekannte eilig in jene Richtung entfernt, die ein kleiner grauer Pfeil mit der Aufschrift WC weist. Plötzlich dreht er sich noch einmal um. „Wir sehen uns auf der Burg!“ ruft er dir mit heiserer Stimme zu. Weiter bei **4**.

4

Eine geschlagene halbe Stunde wartest du schon. Deine Geduld wird auf eine harte Probe gestellt. Der Unbekannte, dessen Paket du freundlicherweise bei dir verwahrst, taucht nicht und nicht auf. Du schlenderst vom Großen Stiftshof in den Kirchhof, vom Brunngarten in den Konventhof, vom Prälatenhof in den Johannishof. Du liest zum dritten Mal das Programmheft der Altenburger Sommerspiele (Man gibt heuer DIE SCHWEIGSAME FRAU). Allein, der Mann ist nicht zu finden. Natürlich ist es in dem weitläufigen Stiftsgebäude leicht möglich, daß ihr einander aus den Augen verloren habt. Aber der Fremde müßte doch sein Paket wieder abholen, das er dir anvertraut hat! Du beschließt,

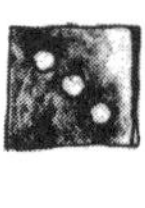

am Parkplatz vor dem Stiftsgebäude zu warten. Hier solltest du eigentlich jeden, der kommt und geht, sehen können. Weiter bei **5**.

5

Langsam bewegt sich der kleine Zeiger der Altenburger Turmuhr auf die römische 5 zu. Du wirst unruhig. Um 17 Uhr schließen sich Türen und Tore des Stiftes für alle Besucher. Wenn der seltsame Fremde nicht bald kommt, hast du wenig Hoffnung, ihn an diesem Tag noch zu Gesicht zu bekommen. Weiter bei **6**.

6

Vom Turm der Stiftskirche dröhnen Glockenschläge. Du zuckst leicht zusammen. Was du befürchtet hast, ist eingetreten! Die Besuchszeit ist vorüber und der Mann, auf den du nun schon knapp eine Stunde wartest, nicht erschienen. Das hat man von seiner Gutmütigkeit!

Autotüren schlagen zu. Ein Fahrzeug nach dem anderen fährt weg vom Parkplatz vor dem Stift. Unter den Besuchern, die das Kloster verlassen, fällt dir eine zarte Frau mit dunklen Haaren und grünen Augen auf. Sie hält einen Kugelschreiber und einen Notizblock in den Händen. Ein tragbares Tonbandgerät baumelt an einem Lederriemen von ihrer Schulter. Eine ausländische Journalistin? Du hörst, wie sie mit ihren Begleitern ein paar Worte in einer fremden Sprache wechselt.

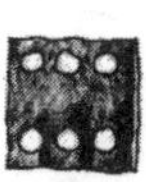

Ratlos und ein wenig verloren stehst du da, deinen großen, schweren Rucksack neben dir, das längliche Paket mit dem unbekannten Inhalt in der Rechten. Was jetzt? Weiter bei **21**.

7

Mittlerweile ist es endgültig dunkel geworden. Ein Käuzchen ruft in der Nähe. Ob sein Schrei Unheil verkündet, wie man früher abergläubisch dachte? Irgendwo bröckelt ein Mauerstein und stürzt in die Tiefe. Einmal vermeinst du Schritte zu hören. Es ist die erste Nacht, die du auf einer Ruine verbringst, und du siehst ihr mit gemischten Gefühlen entgegen. Weiter bei **8**.

8

Kaum hast du es dir in deinem Schlafsack gemütlich gemacht und die Augen geschlossen, dringen geheimnisvolle Laute an dein Ohr. Merkwürdiges Klatschen schreckt dich auf, kurz darauf vernimmst du ein geheimnisvolles Schnarren, das sich wie ein lockender Balzruf anhört: „Örrörrörr! Örrörrörr!“ Du überlegst, ob du deine Taschenlampe einschalten sollst. Weiter bei **95**.

9

Ein freundlicher Bauer hat dich bei Horn auf der Straße aufgelesen; dein schwerer Rucksack hat offenbar sein Mitleid geweckt. Der Landmann bietet dir einen Platz

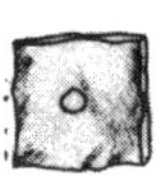

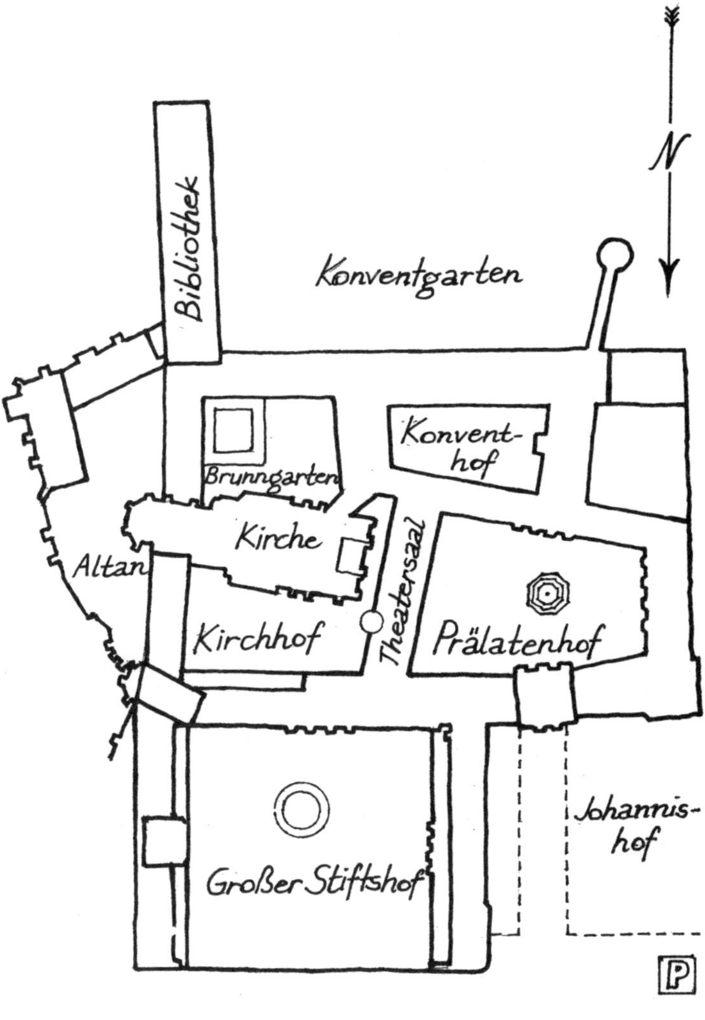

Stift Altenburg, Planskizze.

auf dem Kotschützer seines alten Traktors an, aber du ziehst den Anhänger vor, der voll mit duftendem Heu beladen ist – ein feines Plätzchen zum Ausrasten. Hier bist du zunächst einmal sicher – auch vor neugierigen Fragen nach dem Woher und Wohin. Eine anmutige Landschaft mit Bade- und Fischteichen zieht vor deinem Ausguck im Heu langsam vorüber. Du gelangst nach Geras, nördlich von Horn, am Rand des Waldes. Beim Stift angelangt, springst du vom Wagen und verabschiedest dich von deinem unbekannten Gönner.

Eigentlich wolltest du ja auch Stift Geras besichtigen. Aber die Ereignisse der letzten Zeit machen es notwendig, daß du deine Urlaubspläne etwas abänderst. Hast du dich entschieden? Willst du

- nach Drosendorf? Weiter bei **46**.
- Oder zur Riegersburg? Weiter bei **47**.

10

Dein Mißtrauen war nicht berechtigt. Die Brücke hält mehr, als sie verspricht. Ja, die Einheimischen scheinen sie sogar mit Autos und Traktoren zu befahren, wie du an Reifenspuren feststellen kannst. Jedenfalls erreichst du ohne Schaden zu nehmen das linke Flußufer. Weiter bei **11**.

11

Jetzt folgst du der steilen Auffahrt, die vom Dorf durch einen lichten Föhrenwald zur Ruine führt. Die schmale Straße ist mit gewaltigen Stützpfeilern gesichert. Deut-

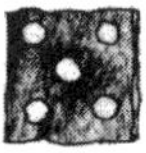

lich kannst du bereits die „Wehrseite“ der Festung mit ihren mächtigen Rundtürmen erkennen. Ein älterer Kleinwagen mit Wiener Kennzeichen parkt am Rand vor dem Eingang. Ist es Feuersteins Fahrzeug? Etwas abseits zwischen den Bäumen steht ein zweites Auto, dessen Nummernschild mit dem Buchstaben L beginnt. Du hast inzwischen gelernt, auf Kleinigkeiten zu achten.

Viele Besucher scheint die Ruine an diesem Nachmittag nicht angelockt zu haben. Von dieser Stelle aus ist jedenfalls niemand zu sehen. Weiter bei **65**.

12

Du hast dich also für den Eingang zur inneren Burg entschlossen, den wohl auch die Ritter benutzten. Aber seltsam! Mitten im Weg durch den zweiten Torturm entdeckst du eine steil abwärts führende Treppe! Sie führt vermutlich in irgendwelche Untergeschoße oder Keller …

Möchtest du diese Steinstiege benützen? Weiter bei **48**.

Folgst du lieber dem Weg ins Burginnere? Weiter bei **17**.

13

Eine eiskalte Hand greift in der Dunkelheit nach dir. Für einen Augenblick meinst du, dein Herz würde stillstehen, dann macht es einen gewaltigen Satz. Ist dies

eine außersinnliche Wahrnehmung? Eher eine sinnliche! Mit einem Schrei willst du dir Luft machen, aber alles, was du zustande bringst, ist ein entsetzliches Röcheln. Der oder die Fremde hat sich an deiner Kehle festgekrallt, als ober er (sie) dort Halt suchen würde! Weiter bei **14**.

14

Da hast du dir ja was Schönes aufgehalst! Aber was zu weit geht, geht zu weit! Du bist kein Anhaltspunkt, weder für Burggespenster noch für verirrte Touristen – oder wen immer du vor dir haben magst. Mit aller Kraft, die dir noch zur Verfügung steht, versuchst du dich zu befreien, die fremde Hand an deiner Kehle abzustreifen und dich dem Griff des Unbekannten zu entziehen, der dir langsam die Luft abschnürt. Dabei kommst du ins Wanken, rutschst auf dem lockeren Schutt ab. Entsetzt aufkreischend sucht ein Vogel, in seiner Nachtruhe gestört, das Weite. Verzweifelt ruderst du mit den Armen, um das Gleichgewicht nicht zu verlieren, tastest im Dunkeln nach einem Halt – und kriegst plötzlich dein unsichtbares Gegenüber mit der Rechten zu fassen. Das, was du zwischen deinen Fingern spürst, fühlt sich an wie ein behaarter Knochen! Du kommst zu Sturz. Weiter bei **15**.

15

Obwohl du am Boden liegst, spürst du irgendwie, daß du deinem unsichtbaren Gegner einen ähnlichen Schrecken

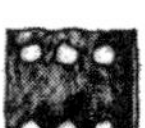

einjagst, wie er dir verursacht hat. Ein Feuerzeug flackert plötzlich auf. Das Flämmchen beleuchtet einen wirren Haarschopf über dir. Auf dem Boden, im Staub der Ruine, funkelt etwas auf. Das Etwas ist eine Nickelbrille mit kreisrunden Gläsern. Zum Glück ist sie heil geblieben. Sie gehört ebenso wie der Haarschopf zu – Elvira Salomon, der Naturforscherin, der Zoo- und Biologin – eindeutig!

Entgeistert starrst du der Dame ins Gesicht. Schon einmal bist du ihr in dieser Geschichte begegnet. Kannst du dich erinnern, wann und wo? Wenn du ein schlechtes Gedächtnis hast, kannst du bei Abschnitt **38** nachlesen. Weiter bei **26**.

16

Zunächst geht es zügig voran, aber dann beschleichen dich erste Zweifel, ob deine Entscheidung richtig ist, ob

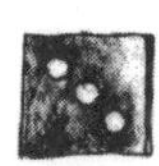

sich eine Besteigung des Kollmitzberges überhaupt lohnt. Es gibt keinen richtigen Weg, der zum Gipfel führt. Du mußt dir mühsam einen Pfad durch das Unterholz bahnen. Endlich hast du – schwer atmend – den höchsten Punkt erreicht. Enttäuscht mußt du feststellen, daß der bewaldete Berg so gut wie keine Aussicht bietet. Er ist zu dicht bewachsen. Von der Ruine ist nicht eine Zinne zu sehen. Dabei *muß* sie doch hier in allernächster Nähe sein, wenn die Karte stimmt! Aber was du erblickst, sind Bäume und Strauchwerk. Du müßtest schon den hohen Sendeturm erklettern, um mehr auszumachen. Auf diesen Sendemast sind manche Bauern übrigens schlecht zu sprechen. Der Sender sei schuld an der Trockenheit. Die Wellen, die er ausstrahlt, behaupten sie, würden alle Gewitter vertreiben und die Niederschläge verhindern. Aberglaube? Wer weiß? Nach allem, was geschehen ist, bist du in deinen Urteilen vorsichtiger geworden. Mit diesem Problem kannst du dich im Augenblick ohnehin nicht wirklich beschäftigen. Du hast anderes zu tun. Kostbare Zeit ist verlorengegangen. Keuchend stolperst du bergab, kämpfst dich durch Waldreben und Brombeerranken, bis du wieder Kollmitzdörfl erreicht hast. Weiter bei **81**.

17

Der Innenhof der Ruine bietet einen wildromantischen Anblick. Mit Grasbüscheln bewachsene Mauerreste ragen bizarr in den Abendhimmel. Mauersegler umschwirren dich mit schrillem Geschrei. Kaum erkennbar führt linker Hand eine brüchige Steintreppe steil aufwärts zu einem Gewölbe. Im Südosten erkennst du die Reste der ehemaligen Burgkapelle und des Rittersaals.

Willst du dich weiter nach Südosten vorwagen? Weiter bei **141**.

Oder entscheidest du dich für die nach oben führende Steintreppe? Weiter bei **18**.

18

Mit heftigem Herzklopfen kletterst du die schmalen Stufen hoch, das heißt, du versuchst es zumindest. Plötzlich hörst du ein Knirschen und im nächsten Augenblick gibt die Steinplatte nach, an der du dich hochziehen wolltest. Schutt rieselt unter deinen Fußsohlen. Eine prächtige Königskerze hat weniger Mühe als du, sich hier festzuhalten. Sie hat in den Felsschichten Wurzeln geschlagen. Du hingegen kommst ins Rutschen – unaufhaltsam, wie es scheint! Würfeln! Oder Daumenkino.

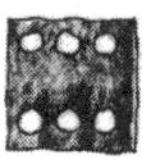

Du Pechvogel! Du Unglücksrabe! Nicht nur die Steinplatte unter deiner Hand gibt nach, auch das lockere kleine Felsstück, das du irrtümlich für eine Stufe gehalten hast. Du gleitest ab. Weder Sträucher noch Grasbüschel können deinen jähen Sturz bremsen. Ungehört verhallt dein gequälter Aufschrei. Du fällst so unglücklich, daß du dir ein Bein verstauchst. Obendrein verrenkst du dir den rechten Arm. Mühsam schleppst du dich zum zwei-

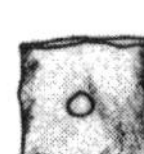

ten Torturm und hoffst inständig, daß bald ein Helfer eintrifft. Das Abenteuerspiel ist für dich an dieser Stelle zu Ende, leider. In deinem Zustand bist du nicht mehr in der Lage, den schweren Rucksack aufzunehmen. Wenn deine Verletzung in einigen Wochen ausgeheilt sein wird, kannst du nochmals bei Abschnitt **1** beginnen. Aber mit mehr Vorsicht, bitte! Gute Besserung! (Du könntest natürlich auch noch einmal würfeln. Die Sache bleibt unter uns ...)

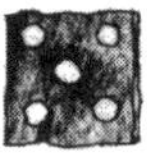

Du fällst. Es wird dir schwarz vor den Augen und du verlierst für einige Zeit die Besinnung. Als du wieder zu dir kommst, hast du ein Gefühl, als würde sich in deinem Kopf ein Mühlrad drehen. Auf der Ruine ist es bereits ziemlich dunkel geworden. Mit einiger Mühe gelingt es dir, einen klaren Gedanken zu fassen: Du willst zu dem Gewölbe hinauf, von dem aus man den Bergfried erreichen kann. In der Abenddämmerung erkennst du eben noch einen kleinen Umweg, der dir einigermaßen sicher erscheint. Weiter bei **19**.

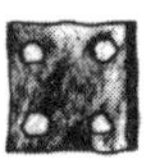 oder 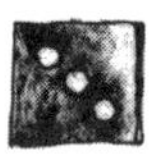

Im Abgleiten versuchst du geistesgegenwärtig, ein paar Grasbüschel zu packen. Doch sie wurzeln nur locker im Gestein und können deinen Fall nicht mehr aufhalten. Kleine Steine, Erdbrocken und Staub begleiten dich auf

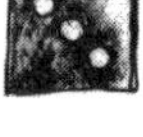

deiner unfreiwilligen Talfahrt. Immerhin gelingt es dir, dich so zu drehen, daß du mit den Füßen aufkommst. Du bist noch einmal mit dem Schrecken davongekommen – und mit blauen Flecken und einer Hautabschürfung. Weiter bei **19**.

 oder 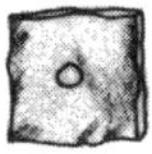

Zum Glück kannst du dich noch rechtzeitig im Geäst eines kleinen Strauches festklammern. Noch vorsichtiger als bisher setzt du deinen Weg fort. Jeden Tritt prüfst du dreimal, bevor du deinen Fuß darauf setzt. Schließlich hast du schweißtriefend das Ende der Steintreppe erreicht. Weiter bei **19**.

19

Du erkennst bald, daß du auch einfacher, über einen kleinen Umweg, zu dem Gewölbe hättest kommen können, in dem du dich jetzt aufhältst. Von hier aus führen eiserne, leiterähnliche Treppen zum Bergfried der Innenburg.

- Willst du das Gewölbe näher untersuchen? Weiter bei **27**.
- Zieht es dich unaufhaltsam zum Bergfried? Weiter bei **86**.

20

Die hölzerne Brücke über den inneren Burggraben ist aus festen Stämmen gezimmert, aber sie hat kein Geländer, an dem du dich festhalten könntest! Nach wenigen Schritten mußt du erkennen, daß du diesen Weg nicht weitergehen kannst. Er ist mit rot-weißen Kunststoff-Bändern abgesperrt und führt anscheinend zu einer ungesicherten Stelle im Südwesten, zum Steilabfall. Du bemerkst aber, daß Ausbesserungsarbeiten begonnen worden sind. Sogar Gras wurde angebaut. Der „Verein zur Erhaltung der Ruine Kollmitz“ hat rührige Mitglieder, wie es aussieht. Du kehrst zurück zu Abschnitt **12**.

21

Nun ist es bereits Viertel sechs! Halb verärgert, halb besorgt gehst du neben den Statuen im Johannishof auf und ab. Du wirst das Gefühl nicht los, daß dich die ganze Zeit jemand beobachtet. Ist es nur die steinerne Sphinx mit dem rätselhaften Blick?

Da fällt dir etwas ein. Der Fremde hat dir doch etwas zugerufen, bevor er hinter einer der zahllosen Türen verschwand! „Wir sehen uns auf der Burg“ oder so ähnlich, wenn du dich recht erinnerst. Soll das heißen, daß er das Stift bereits verlassen hat, daß du ihn hier nicht mehr antriffst?

Nachdenklich nimmst du dein Gepäck samt dem Paket auf. Du kannst hier nicht die halbe Nacht verbringen, nur weil dieser Mensch vielleicht vergessen hat, das

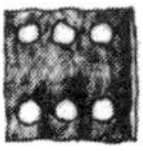

längliche Ding, was immer es sein mag, abzuholen. Du mußt dich schließlich noch nach einem Quartier umsehen.

- Du könntest das Paket natürlich an die Mauer der Stiftseinfahrt lehnen und dich aus dem Staub machen. Für die Vergeßlichkeit anderer Leute bist du wohl nicht verantwortlich. Weiter bei **22**.
- Du willst das Paket, das man dir anvertraut hat, vorläufig behalten? Warum nicht? Morgen ist auch noch ein Tag. Ab neun Uhr früh kann das Stift wieder besichtigt werden. Vielleicht findet sich dieser merkwürdige Bursche dann ein. Wenn nicht, könntest du ja das Paket beim Informationsstand abgeben, dort, wo die Eintritts- und Ansichtskarten verkauft werden. Vielleicht fällt dir bis dahin auch noch etwas Besseres ein – du bist bekannt für deine guten Ideen. Kommt Zeit, kommt Rat. Weiter bei **101**.

22

Kaum hast du das sperrige Ding an die Stiftsmauer gelehnt, eilt eine Nonne mit forschen Schritten daher. Ob sie es war, die dich beobachtete? Freundlich, aber bestimmt bedeutet dir die Klosterfrau, daß dies kein Lagerplatz für nicht abgeholte Gegenstände sei. Wohl oder übel mußt du das Paket wieder an dich nehmen. Du bist auf dich selbst und deine Hilfsbereitschaft nicht gut zu sprechen. Weiter bei **101**.

23

Eigentlich, schießt es dir durch den Kopf, wäre es am einfachsten, die Szene vom Vortag zu wiederholen! Du müßtest nichts anderes tun, als dem Erstbesten, der im Stift auftaucht, dieses rätselhafte Paket in die Hand drücken und ihn bitten, es kurz aufzubewahren. Dann könntest du auf Nimmerwiedersehen verschwinden! Leute, die Klöster, Stifte und Kirchen besichtigen, verschließen sich im allgemeinen nicht den harmlosen Bitten ihrer Mitmenschen, zeigen sich freundlich, hilfsbereit, entgegenkommend – das hat man ja an dir gesehen!

Zunächst schneidest du das Foto von Feuerstein und den dazugehörigen Artikel aus. Schon willst du den Zeitungsausschnitt in die Tasche stecken, da findest du auf der Rückseite eine Notiz, die du beim Durchblättern übersehen hast. Wie elektrisiert springst du auf. Weiter bei **45**.

24

Die Zeitungsnotiz gibt dir zu denken. Besteht ein Zusammenhang zwischen deinem Erlebnis vom Vortag und dem Diebstahl im Museum? Eggenburg liegt nicht allzu weit entfernt, zwanzig Kilometer vielleicht. Feuerstein, der Mann mit dem Paket, benahm sich sonderbar, wenn du es genau überlegst. Bist du einem Dieb oder einem Hehler auf den Leim gegangen?

Du merkst plötzlich, wie es dich in den Fingern juckt, das Paket zu öffnen. Du bist zweifellos nicht der Besitzer, aber du denkst, du hast ein Recht zu wissen, was du da eigentlich verwahrst. Vielleicht solltest du in der Zeitung dein Horoskop lesen, bevor du eine Entscheidung triffst?

- Du glaubst nicht an Horoskope? Weiter bei **105**.
- Du glaubst nicht an dein Horoskop, möchtest es aber trotzdem kennen. Weiter bei **104**.
- Du glaubst an dein Horoskop? Weiter bei **104**.

25

Gutschein für einen einwöchigen Abenteuerurlaub im niederösterreichischen Waldviertel

Herzlichen Glückwunsch!

E n d e I (weiter bei **144**)

26

„Sie?“ brummst du beleidigt und betastest deinen geschundenen Körper. „Was haben Sie hier auf einer Ruine zu suchen? Noch eine Gottesanbeterin?“

„Dasselbe könnte ich Sie fragen!“ murrt Salomon und reibt sich ihre offenbar schmerzende Hüfte. „Sie haben mich am Schienbein gepackt, mir damit das Standbein weggezogen und mich zu Fall gebracht! Sie haben mich meiner Sehhilfe beraubt! Sie haben eine Wissenschafterin in der Ausübung ihrer Tätigkeit behindert! Das Genick hätte ich mir brechen können!“

„Betreten der Ruine auf eigene Gefahr“, zitierst du und kannst ein leises Auflachen nicht unterdrücken. Du hast inzwischen im Schein des Feuerzeugs deine Taschenlampe gefunden und angeknipst. Sie hat den Sturz unversehrt überstanden. Soviel man in ihrem Licht erkennen kann, ist Salomon bei eurer nächtlichen Begegnung nicht weniger erschrocken als du. Ihr hageres Gesicht ist bis in die Nasenspitze kreidebleich; eine Blässe, die jedem Burggespenst Ehre machen würde. Weiter bei **35**.

27

Du hältst an, um wieder zu Atem zu kommen. Die Kletterei über die brüchigen Steinstufen war nicht ungefährlich, doch jetzt bist du in Sicherheit. Anscheinend haben auch andere Besucher an dieser Stelle schon Angstschweiß vergossen, wie Inschriften in der Mauer

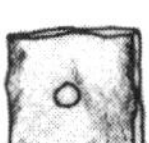

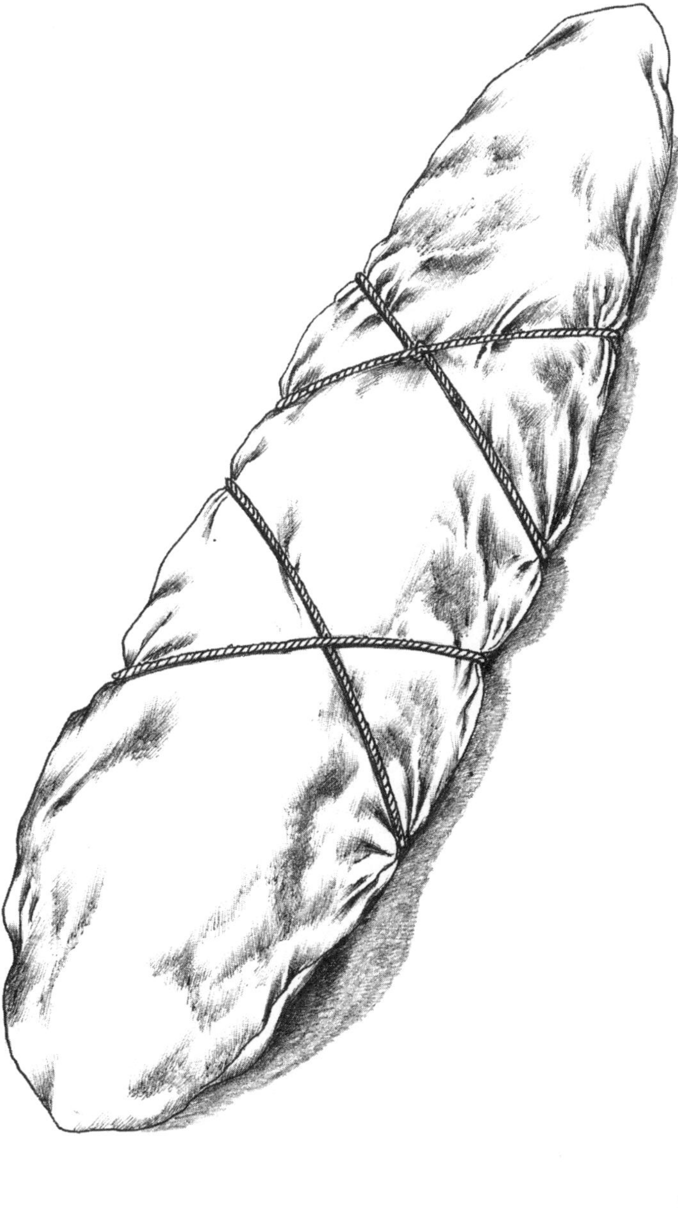

zeigen. CAPE FEAR (nach einem berühmten Film) hat jemand etwas zittrig mit Rötelstift an die Wand gekritzelt. KAP DER ANGST. Wie treffend! Unwillkürlich suchst du nach einer Botschaft von Feuerstein – natürlich umsonst. Es war ja wohl nicht zu erwarten, daß ein angesehener Wissenschafter seinen Namen wie ein alberner Halbschuh-Tourist auf der Ruine verewigen will; obwohl – ein bißchen verrückt kommt er dir inzwischen schon vor, dieser Urgeschichtler. GITTI + HUBERT kannst du noch lesen und HÖRMANN FERDINAND AUS STOCKERAU. Aber das scheint keine verschlüsselte Nachricht zu sein. Weiter bei **86**.

28

Was immer das geheimnisvolle Paket enthalten mag, es muß mit großer Sorgfalt verpackt worden sein. Zuerst öffnest du die Knoten in der Schnur, dann entfernst du eine Plastikhülle. Offenbar soll sie den Inhalt vor Feuchtigkeit schützen. Zum Vorschein kommen – mehrere Schichten von braunem Packpapier.

Willst du auch die entfernen? Weiter bei **29**.

Oder hast du es dir anders überlegt und meinst, es sei besser, nicht allzu viel zu wissen? Weiter bei **174**.

29

Mit fliegenden Fingern reißt du das Papier auf. Deine Ungeduld wächst. Unter der Hülle aus Packpapier wird

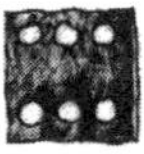

– eine Lage Schaumgummi sichtbar! Noch einmal überlegst du, ob es richtig ist, das Paket zu öffnen.

- Ja, du hast dich entschieden. Deine Neugier, einmal geweckt, wächst und wächst. Du willst einfach Bescheid wissen über den Inhalt dieses rätselhaften Pakets. Weiter bei **30**.
- Nein, du hast es dir anders überlegt. Im letzten Augenblick, kurz bevor du das Geheimnis endgültig lüftest, hältst du ein. Anständig wie du bist, bezähmst du deine Neugier und hältst dir vor Augen, daß du ja nicht der Besitzer des Paketes bist, bestenfalls der Treuhänder. Weiter bei **174**.

30

Eine seltsame Unruhe ist über dich gekommen. Hastig, als könntest du jeden Augenblick bei einer verbotenen Tätigkeit ertappt werden, entfernst du die letzte Lage Schaumgummi. Zum Vorschein kommen – das ist ja unglaublich! – ein langes Eisenschwert und ein Leinensäckchen! Weiter bei **71**.

31

Endlich hast du dich bis zum Gendarmerieposten in Horn durchgefragt. Doch als du dort, in der Prager Straße, dein Paket loswerden willst, mußt du feststellen, daß auf dein Läuten niemand öffnet. Du bemerkst eine handgeschriebene Notiz an der Tür: Der Posten ist zur-

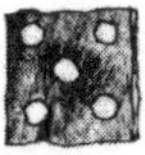

zeit nicht besetzt – Beamte im Außendienst unterwegs! Wenden Sie sich in dringenden Fällen an … Es folgt eine Telefonnummer.

- Willst du warten, bis einer der diensthabenden Ordnungshüter eintrifft? Um einen dringenden Fall handelt es sich bei Schwert und Münzen ja wohl nicht. Oder? Weiter bei **32**.
- Du hast deine Meinung geändert und willst das Paket vorerst bei dir behalten? Weiter bei **53**.
- Du lehnst das Paket einfach gegen die Tür und machst dich aus dem Staub. Weiter bei **34**.

32

Nach kurzer Zeit erscheinen gleich zwei der freundlichen Gesetzeshüter. Sie bitten dich in den Dienstraum. Du nennst deinen Namen, machst deine Angaben und gibst alles zu Protokoll, was du weißt. Ein paar Mal werfen die beiden Gendarmen einander vielsagende Blicke zu. Es kommt dir vor, daß sie Zweifel an deiner Erzählung hegen. Immerhin hast du dein Gewissen erleichtert und mit der Geschichte nichts mehr zu tun. Weiter bei **33**.

33

Du hast korrekt gehandelt – keine Frage. Was du getan hast, war richtig. Niemand kann dir etwas vorwerfen. Aber bitte beklage dich nicht, daß dein Waldviertel-

Urlaub zu eintönig sei (denn das Spiel ist für dich an dieser Stelle bereits zu Ende). Weiter bei **40**.

34

Was du getan hast, nennt man wohl „Paketweglegung“. Das war zwar nicht ganz in Ordnung, aber auch nicht falsch. Weiter bei **40**.

35

Ihr beschließt, auf einer Bank im äußeren Burghof Platz zu nehmen und eure Erfahrungen auszutauschen. Zu diesem Zeitpunkt ist der Mond wieder hinter einer dichten Wolkenbank verschwunden. Das einzige, was auf der Ruine zu erkennen ist, ist eine tief blauschwarze, alles-umhüllende nächtliche Dunkelheit. Weiter bei **36**.

36

Du läßt deine Taschenlampe immer nur kurz aufblitzen. Du mußt Strom sparen; die Lebensdauer der Batterien ist begrenzt. Die Salomon hat ihre Lampe irgendwo im Gelände verloren und als Lichtquelle nur ihr kleines Gasfeuerzeug zur Verfügung. Trotzdem erreicht ihr ohne Zwischenfälle die Bänke im äußeren Burghof, die jeden Besucher zum Verweilen auf der Ruine einladen.

„Ist hier frei?“ fragst du, in deiner heiteren Art immer zu einem Scherz aufgelegt. Natürlich erwartest du keine

Antwort. Ihr setzt euch, und du willst der Forscherin endlich die Fragen stellen, die dir unter den Nägeln brennen. Weiter bei **37**.

37

Plötzlich springt die Salomon auf und stößt einen markerschütternden Schrei aus, einen wahren Schreckensschrei, der als gellendes Echo schaurig in den alten Mauern widerhallt. Um die Nerven der Biologin ist es anscheinend nicht gut bestellt. Aber war da nicht noch ein anderes Geräusch? Ja, ein Knirschen im Kies, Schritte, die sich eilig entfernen! Zu dumm, daß sich gerade jetzt der Mond hinter den Wolken verbirgt. Wo nur ist deine Taschenlampe? Wo hast du sie hingelegt? Naja, Ordnung zu halten zählte noch nie zu deinen Tugenden!

Und da! Noch ein Schrei, aber weiter entfernt – und dumpf. Wie ein Hilferuf! Weiter bei **74**.

38

Die große, hagere Frau mit dem wirren Haarschopf, der Nickelbrille und einer mächtigen Lupe in der Hand ist zweifellos solch eine Überraschung. Sie durchstreift scheinbar ziellos die Uferböschung des Kamp. Das ist keine Touristin, die die Gegend kennenlernen will, denkst du dir. Es sieht eher aus, als sei die Fremde auf der Suche, wüßte aber selbst nicht recht, wonach. Immer wieder ändert sie ihre Richtung. Sie macht ein paar

Schritte vorwärts, kehrt um, schlägt sich einmal rechts, dann wieder links vom Weg in die Büsche. Mißtrauisch siehst du ihr eine Weile zu. Sie scheint dich noch gar nicht bemerkt zu haben. Aber die Frau tut so auffällig unauffällig, daß du den Verdacht hegst, sie könnte es auf dich abgesehen haben. Oder auf „dein" Paket … Weiter bei **39**.

39

„Guten Tag, Elvira Salomon, Zoo- und Biologin", murmelt sie, als sie plötzlich so nahe kommt, daß ihr einander fast auf die Füße steigt. „Wenn ich Sie bitten dürfte, sich nicht zu bewegen!" Weiter bei **41**.

40

Zweifellos ist dir viel erspart geblieben – andererseits ist das Leben so ganz ohne Abenteuer doch auch ziemlich langweilig, findest du nicht? Du hast dich – leider – selbst um ein Erlebnis ohnegleichen gebracht. Ein zweites Mal würdest du es anders machen? Bitte! Du kannst noch einmal bei Abschnitt **1** beginnen!

41

Verdutzt bleibst du stehen. Nicht bewegen? Soll das heißen, du bist verhaftet? Die verschrobene Dame ist doch wohl nicht von der Polizei, sondern Biologin, wenn es stimmt, was sie sagt! Und außerdem hast du nichts angestellt, es sei denn ... Das Gehabe dieser Frau Salomon ist jedenfalls mehr als seltsam. Hoffentlich ist sie richtig im Kopf!

„Da“, flüstert die Salomon, und ihre Augen funkeln hinter den kreisrunden Gläsern der Nickelbrille. Die Frau ist sichtlich ergriffen. Behutsam deutet die Forscherin auf einen Himbeerstrauch. „Da sitzt sie! Ihretwegen bin ich hierhergekommen – die letzten beiden Sommer vergeblich.“

Du guckst dir die Augen aus dem Kopf, verstehst aber zunächst überhaupt nichts. Von wem spricht die Gute? Ist sie mit dem Vergrößerungsglas auf der Suche nach einer bestimmten Person, nach ihrer Tochter, Schwester, Freundin, Mutter oder Schwiegermutter? Warum erzählt sie dir das? Weiter bei **42**.

42

„Es gibt sie also doch noch“, murmelt die Forscherin mit bewegter Stimme. „Hier in dieser Gegend, genauso wie die Flußmuscheln und die Smaragdeidechsen. Ich wußte es, das heißt, ich ahnte es. Diese einmalige Landschaft im Kamptal gehört zu den wenigen Plätzen, wo sie noch anzutreffen ist.“

Die Zoologin beginnt, sich eifrig Notizen zu machen. Eine Weile siehst du ihr zu, dann wagst du es, sie zu stören. Sacht zupfst du die Dame am Buschhemd. „Verzeihung, aber von wem sprechen Sie?“

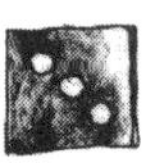

Mißbilligend blickt die Frau von ihrem blauen Quartheft hoch. „Von ihr natürlich“, brummt sie und weist neuerlich auf den Himbeerstrauch. „Von der Mantis. Mantis religiosa. Auf gut deutsch: Gottesanbeterin.“

„Ein Gottesanbeterin?“ fragst du ungläubig. Soviel du weißt, sind diese bizarren Tiere nur im Mittelmeerraum und in den tropischen Ländern anzutreffen. Aber da sitzt tatsächlich eine Gottesanbeterin. Da hockt sie, diese geheimnisvolle Fangheuschrecke, dieses absonderliche Insekt; hockt seelenruhig da, ohne sich zu rühren. Ihre „Arme“ hat die Mantis wie zum Gebet hoch erhoben. Kaum, daß sie sich farblich vom Untergrund abhebt. Nur der Kopf ist in Bewegung.

„Ist sie gefährlich?“ fragst du und trittst zur Sicherheit einen halben Schritt zurück. Dafür rückt eine zweite Heuschrecke arglos näher.

„Nicht für Sie und nicht für mich. Aber für den da.“ Die Zoologin deutet auf den anderen Heuschreck. „Das ist ein Decticus verrucivorus.“

„Ein was?“

„Ein Warzenbeißer. Nun geben Sie acht!“

Blitzschnell schleudert die Gottesanbeterin ihre Raubbeine vor, schlägt mit den Fängen zu. Schon hat sie den Warzenbeißer zwischen den scharf gezahnten Schenkeln eingeklemmt, die wie ein Klappmesser funktionieren. Ein Biß der Mantis in den Nacken – und der Warzenbeißer ist tot.

„Sie wird auch mit größeren Insekten fertig“, flüstert die Salomon leise und zieht sich zurück. „Jetzt wollen wir sie aber nicht bei der Mahlzeit stören. Sie wird ihr

Opfer in der nächsten Stunde vollständig verzehren – bis auf die Flügel.“

„Darf ich fragen, was S i e eigentlich hier machen?“ erkundigst du dich nach einer Weile höflich, als du dich von dem atemberaubenden Schauspiel abgewendet hast. „Ich meine, was haben Sie vor? Sind es nur Gottesanbeterinnen und Warzenbeißer, die Sie ins Kamptal geführt haben?“

Man kann ja nie wissen! Vielleicht steht auch die Zoologin in Verbindung mit dem Keltenschatz? Vielleicht ist euer Zusammentreffen gar nicht zufällig? Vielleicht ist die Salomon gar keine echte Naturwissenschafterin, sondern täuscht es nur vor? Weiter bei **121**.

43

Pech und Schwefel! Die Lage spitzt sich gefährlich zu! Weiter bei **44**.

44

Schaudernd starrst du in die Tiefe. An dieser Stelle ist von den schützenden Burgmauern kein einziger Stein mehr übrig. Weit unten rauscht die Thaya. Ein Fehltritt – und es ist um dich geschehen. Man hat dich in die Enge getrieben, hat dich eingekreist! Es sieht aus, als ob es kein Entkommen mehr für dich gibt. Oder? Siehst du noch einen Ausweg? Würfeln!

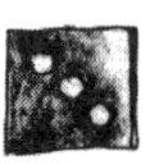

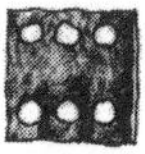 oder 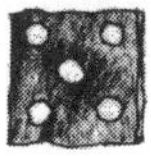

Mitglieder der Freiwilligen Feuerwehr ergreifen dich. Sie bringen dich zum Obmann des „Vereins zur Erhaltung der Ruine Kollmitz“. Neben ihm siehst du zu deinem grenzenlosen Erstaunen – Professor Emmerich Feuerstein! Weiter bei **55**.

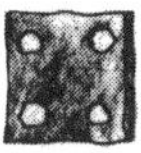 oder 

Du kehrst um, glaubst, daß du im Tumult untertauchen kannst. Aber es gibt nur noch wenig Hoffnung für dich! Weiter bei **154**!

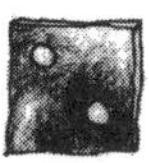 oder 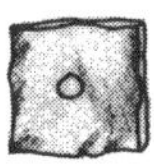

In letzter Sekunde kommt dir die rettende Idee! Weiter bei **145**!

45

DIEBSTAHL IM MUSEUM?

Wie erst jetzt bekannt wurde, verschwanden aus dem Krahuletz-Museum in Eggenburg vor zwei Tagen wertvolle Exponate, darunter einige alte Waffen. Von dem Täter oder den Tätern fehlt vorläufig jede Spur. Die Gendarmerie bittet um zweckdienliche Mitteilungen. Weiter bei **24**.

46

Von Geras sind es nur etwa zehn Kilometer bis nach Drosendorf. Du nimmst die Bahn. Am frühen Nachmittag hast du die kleine Grenzstadt an der Thaya erreicht. Weiter bei **58**.

47

Wieder hast du Glück. Ein holländischer Urlauber, der offenbar die verborgenen Schönheiten des Waldviertels kennt und schätzt, hat dasselbe Ziel wie du: die Riegersburg. Er lädt dich ein, ihn in seinem Wagen zu begleiten. Du nimmst gern an. Weiter bei **59**.

48

Die Steinstufen führen dich in ein kleines Gewölbe – ein gutes Versteck! Aber es kommt noch besser! Von diesem Gewölbe aus bist du mit wenigen Schritten Richtung Westen im zweiten Burggraben, und zwar genau unter der Brücke, die du kurz zuvor überschritten hast. An dieser verborgenen Stelle wird dich kaum jemand finden, und du kannst unbeobachtet jedes Geschehen auf der Burg mitverfolgen. Denn daß heute nacht etwas geschehen wird, davon bist du überzeugt. Jetzt entdeckst du unter der Brücke auch noch einen schmalen, kaum erkennbaren Pfad, der sich nach links, also nach Süden, wendet. Willst du versuchen herauszubekommen, wohin

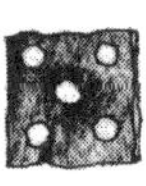

er führt? Weiter bei **119**. Es wird allerdings bald dunkel! Du kannst natürlich auch zurück, über die steinerne Stiege hinauf, in den zweiten Torturm. Weiter bei **17**.

49

Der Friedhof eignet sich kaum zum Campieren. Du verläßt die Anlage durch einen Torbogen und stehst am Rand eines Wäldchens. Sogar einen Waldlehrpfad gibt es hier. Du wanderst zurück zur Einfahrt und entdeckst in der meterhohen Fliederhecke – was für ein glücklicher Zufall – einen wilden Kirschbaum. Für ein preiswertes Abendessen ist also gesorgt. Ein Geschäft, wo du dich mit Eßbarem eindecken könntest, ist nämlich weit und breit nicht in Sicht. Die Kirschkerne spuckst du – umweltbewußt – in hohem Bogen auf den nahen Komposthaufen. In einigem Abstand zu den beiden Mülltonnen (mit der Aufschrift „Friedhof Pernegg“) schlägst du dein Zelt auf. Weiter bei **50**.

50

Am nächsten Morgen kannst du eine merkwürdige Beobachtung machen: Seltsam rote Wolken stehen am Himmel – hier, im nördlichen Niederösterreich, Vorboten des kommenden Schlechtwetters. Angestrengt denkst du nach – irgendwo hast du eine Landschaft mit diesen feuerroten Wolken schon einmal gesehen. Ja, jetzt fällt es dir ein: im Stift Altenburg, gleich zu Beginn

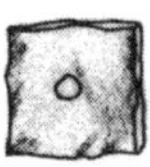

deiner abenteuerlichen Reise – die Bibliothek, in der vierten Seitenkuppel die Wolken, die der berühmte Paul Troger gemalt hat. Der Künstler muß die Stimmungen dieser Waldviertler Gegend gut gekannt haben.

Aber noch mehr als das seltsame Morgenrot überrascht dich ein Stück Papier von der Größe einer Postkarte, das du beim Aufwachen neben dir gefunden hast – mit Text; mit sinnlosem Text, wie es auf den ersten Blick scheint:

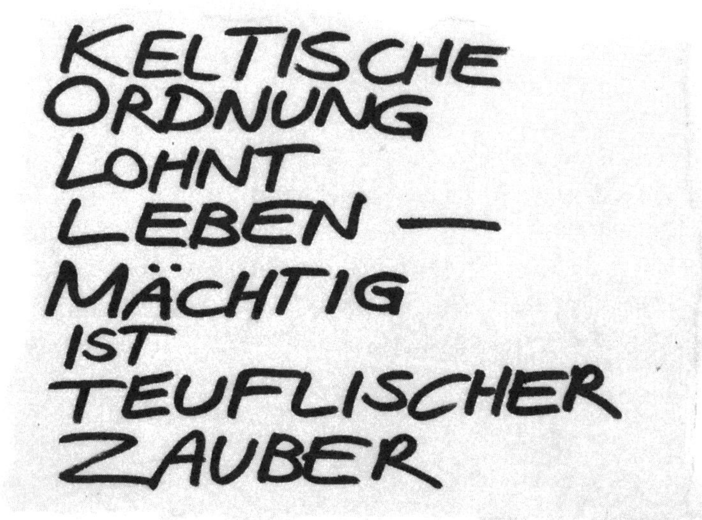
KELTISCHE
ORDNUNG
LOHNT
LEBEN —
MÄCHTIG
IST
TEUFLISCHER
ZAUBER

Inzwischen ist dir klar geworden, daß eine Botschaft in diesen Wörtern steckt; vielleicht können sie dir sogar den Namen der Burg verraten, auf der sich Feuerstein mit dir treffen will. Warum nur diese Geheimniskrämerei? Dieser Feuerstein kommt dir immer sonderbarer vor. Aber ist die Botschaft überhaupt von Feuerstein?

Das Dumme an der Sache ist: Du weißt nicht einmal, wann du zu diesem Blatt Papier gekommen bist! Hat es dir gestern schon jemand zugesteckt, und ist es dir erst heute aus einer Tasche gerutscht, beim Schlafen vielleicht? Oder hat sich ein nächtlicher Besucher eingestellt und die Botschaft hinterlegt? Sofort schaust du nach, ob der mysteriöse Keltenschatz noch im Paket und das Paket noch im Rucksack ist. Es fehlt nichts. Aber … du hättest es wahrscheinlich verschmerzt, wenn du das sperrige Zeug über Nacht losgeworden wärst. Weiter bei **113**.

51

Während du Schwert und Münzen wieder verpackst, so gut es geht, überlegst du fieberhaft. Eines steht fest: Die Lage ist verworren! Weiter bei **52**.

52

Was willst du jetzt mit dem Paket anfangen? Ein unbestimmtes Gefühl sagt dir, daß das Stift nicht länger der richtige Ort ist, dieses wertvolle alte Schwert und die Münzen aufzubewahren. Ob es sich um Diebsgut handelt? Aber warum immer gleich das Schlechteste annehmen?

Du könntest das Paket natürlich in einem Fundbüro abliefern oder zur Gendarmerie bringen. Aber weißt du auch, wo der nächste Posten ist? Du müßtest vermutlich bis nach Horn fahren. Du mußt dich auf allerhand Fragen gefaßt machen, auf unangenehme Fragen! Und ob man dir und deinen Antworten Glauben schenken würde? Deine Geschichte, gib es zu, hört sich ziemlich unwahrscheinlich an …

- Also, wenn du unbedingt möchtest, kannst du dein Paket jetzt bei der Gendarmerie abliefern. Weiter bei **31**.
- Du denkst, es sei besser, das Paket – vorerst – zu behalten und abzuwarten. Du nimmst an, daß sich der Besitzer noch bei dir melden wird. Und wieder fällt dir ein, was dir der Unbekannte, angeblich Professor Feuerstein, zugeflüstert hat: „Wir sehen uns auf der Burg …“ Weiter bei **53**.

53

Und da, an dieser Stelle, faßt du einen kühnen Entschluß. Du stellst die Weichen für ein Abenteuer, das du so schnell nicht vergessen wirst: Du hast dich entschieden! Das Paket behältst du – so lang, bis du Feuerstein wieder triffst, wann und wo immer das sein mag. Dir ist in diesem Augenblick bewußt, daß du möglicherweise einige Gefahren auf dich nimmst. Aber wie sagte schon Erich Kästner? Das Leben ist immer lebensgefährlich. Dieser Feuerstein schien in einer schlimmen Notlage zu sein, als er dir das Paket aushändigte – ob verschuldet

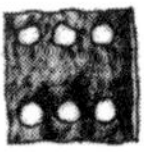

oder unverschuldet, kannst du jetzt noch nicht sagen. Aber du bist entschlossen, es herauszufinden. Du willst einfach wissen, was es mit dem Keltenschwert und den antiken Münzen auf sich hat. Und du wirst versuchen, Feuerstein auf der Burg zu treffen! Weiter bei **54**.

54

Sagte er tatsächlich „Auf der Burg"? Du lieber Himmel, auf welcher Burg? Konnte Feuerstein denn keine genaueren Angaben machen? Wollte er nicht? Was hat er gemeint? Hardegg? Die Rosenburg? Ottenstein? Rapottenstein? Oder eine der vielen Burgruinen? Dobra? Krumau? Gars? Kamegg? Kaja? Schaueregg? Oder soll das Treffen auf einem Waldviertler Schloß stattfinden? Auf Buchberg? Rosenau? Drosendorf? Dobersberg? Raabs? Schwarzenau? Greillenstein? Auf der Riegersburg? Wer kann schon genau zwischen Burg und Schloß unterscheiden? 550 Burgen und Burgruinen soll es in Niederösterreich geben, vielleicht ein Drittel davon im Waldviertel; dazu rechnet man noch etwa 500 verschwundene Burgen – aber die kommen als Treffpunkt ja wohl nicht in Frage.

Ratlos drehst und wendest du das Paket in deinen Händen. Weiter bei **56**.

55

Der Obmann des „Vereins zur Erhaltung der Ruine Kollmitz" tritt auf dich zu und setzt zu einer Rede an. Er erwähnt, daß der Verein neue Mitglieder brauchen

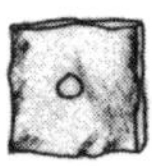

könne, vor allem Leute von deinem Schlag: jung und tatkräftig. Es gäbe in der Ruine noch viel an Verborgenem freizulegen, was vom Schutt und Staub der Jahrhunderte bedeckt sei. Dann gratuliert er dir mit herzlichen Worten und dankt dir für dein Interesse an der Feste Kollmitz. Du bist nämlich der 1000. Besucher in diesem Jahr! Und dafür gibt es ein Ehrengeschenk.

Du fällst aus allen Wolken! Donnernder Applaus brandet auf und bricht sich in den alten Mauern. Sicherheitshalber ziehst du den Kopf ein. Was Schallwellen in einer Ruine bewirken können, hast du inzwischen (fast) am eigenen Leib erfahren.

Die Überraschung schnürt dir die Kehle zu. Du bringst außer einem heiseren „Danke“ kein einziges Wort hervor. Jetzt überreicht dir der Obmann mit feierlicher Geste ein Heimatbüchlein und dazu einen Briefumschlag.

Du öffnest ihn gleich hier und jetzt – vor allen Leuten (den Umschlag, nicht den Obmann). Weiter bei **99**.

56

Vielleicht hat Feuerstein die Rosenburg gemeint, denkst du. Sie ist eines der bekanntesten und schönsten Schlösser in Österreich. Die Rosenburg liegt ganz in der Nähe von Stift Altenburg. Gut möglich, daß er sich mit dir dort ungestört treffen will, um das wertvolle Paket wieder zurückzubekommen.

Andererseits: Der Kongreß für Urgeschichte sollte in Drosendorf stattfinden. Vielleicht weiß man auf Schloß

Drosendorf mehr über den Verbleib des Urgeschichtlers, der so plötzlich erkrankte – wenn es stimmt, was die Zeitung berichtet. Eine weitere Möglichkeit wäre, die Riegersburg aufzusuchen. Wie auch immer, eine Erklärung ist dir der Professor schuldig! Was wirst du jetzt tun?

- Du versuchst, Emmerich Feuerstein auf der Rosenburg zu treffen. Weiter bei **57**.
- Du entschließt dich, in Richtung Drosendorf aufzubrechen. Weiter bei **9**.
- Du hoffst, den Professor auf der Riegersburg zu finden. Weiter bei **9**.

57

Vom kleinen, verschlafenen Ort Rosenburg – es gibt sogar eine Bahnstation hier! – nimmst du den Fußweg, der hinauf zum stolzen Schloß führt. Die Rosenburg, hoch über dem Kamp gelegen, zählt zu den schönsten und besterhaltenen Burganlagen des Landes. Beim Anstieg überlegst du, ob du dir die Flugvorführungen ansehen möchtest, die zweimal täglich stattfinden. Falken, Geier und auch Adler sollen hier zu bewundern sein. Weiter bei **103**.

58

Das alte Städtchen an der Thayaschlinge war einst eine wehrhafte Grenzfestung und das Schloß früher einmal

eine trutzige Burg. Als sie vor 300 Jahren niederbrannte, errichtete man an ihrer Stelle ein Schloß – Schloß Drosendorf in seiner heutigen Gestalt.

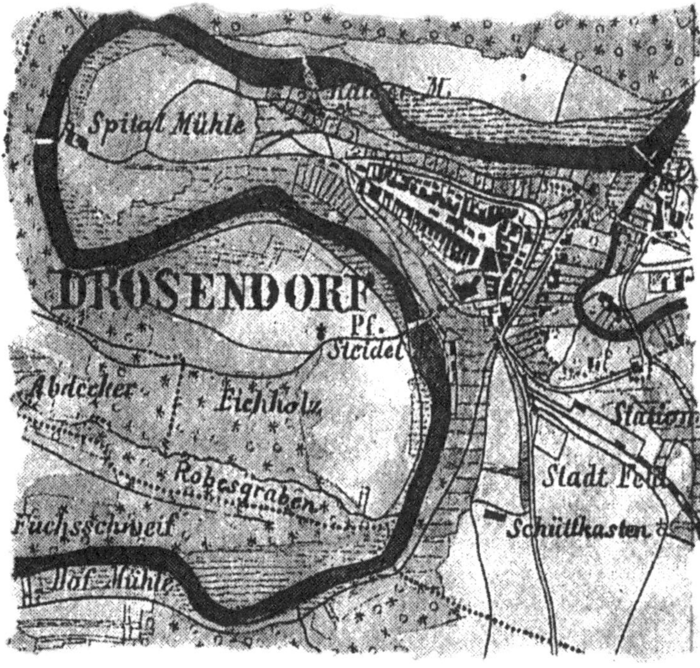

Du betrittst das malerische Städtchen durch das Horner Tor. Die dicken Mauern, die Drosendorf vor Feinden schützten, sind noch großteils erhalten. Du bummelst über den romantischen, von alten Häusern begrenzten Marktplatz. Nach dem Schloß brauchst du nicht lang zu suchen – es ist kaum zu übersehen. Du staunst über das rege Leben in dem alten Gemäuer; es herrscht ein ständiges Kommen und Gehen. Kein

Wunder – das Gebäude wurde in eine Frühstückspension umgewandelt, mehr noch, Schloß Drosendorf ist ein Schulungsheim, hier finden oft Besprechungen, Tagungen und Seminare statt, hier hätte ja Professor Feuerstein den Kongreß eröffnen sollen.

An der Rezeption erkundigst du dich vorsichtig nach dem Preis für ein Einzelzimmer pro Nacht. Leider ist zurzeit keines frei, bedauert man. Ob eine Nachricht für dich abgegeben worden sei, fragst du dann möglichst beiläufig und nennst deinen Namen. Die freundliche Empfangsdame beginnt in den Regalen zu suchen und – wird fündig. Tatsächlich, hier wartet offenbar eine Botschaft auf dich! Man händigt dir eine Karte aus, die eindeutig an dich adressiert ist. Auf ihrer Rückseite ist ein rätselhafter Text zu finden:

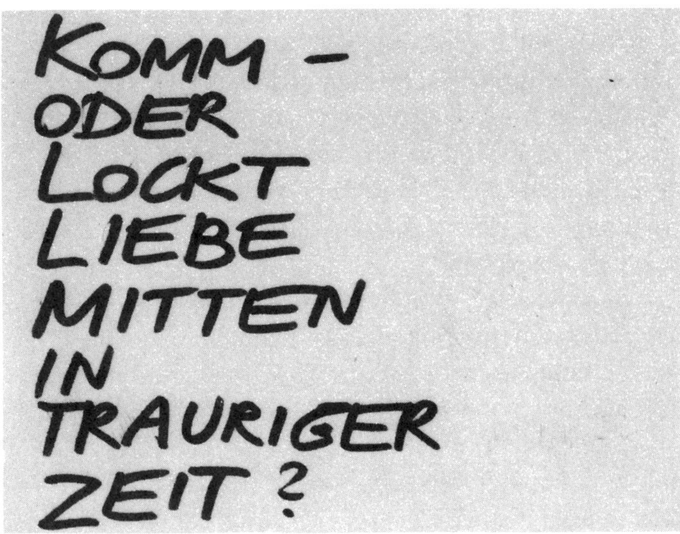
KOMM –
ODER
LOCKT
LIEBE
MITTEN
IN
TRAURIGER
ZEIT?

Eigenartig! Seltsam! Merkwürdig! Du liest den Satz einmal, zweimal, dreimal. Du liest ihn von vorn nach hinten und von hinten nach vorn, aber er ergibt anscheinend keinen Sinn. Vielleicht handelt es sich um eine verschlüsselte Nachricht ... Kannst du mit den Zeilen etwas anfangen? Wahrscheinlich nicht. Nachdenklich faltest du die Karte und steckst sie in die Außentasche deines Rucksacks.

Da man hier von Feuerstein nur weiß, daß er etwas schrullig sein soll, beschließt du, die Rosenburg aufzusuchen. Weiter bei **57**. Oder möchtest du dich auf der Riegersburg umsehen? Weiter bei **59**.

59

Nur wenige Besucher haben sich hier eingefunden. Sie verlieren sich in den weiten Räumen – die Fledermäuse sind eindeutig in der Überzahl. Doch die Menschen, die den Weg zur Riegersburg nicht gescheut haben, scheinen Kunstkenner zu sein. Kostbare Möbel und Wandteppiche aus ganz Europa wurden hier zusammengetragen, sogar einen Salon mit chinesischer Papiertapete soll es gehen.

Du schlenderst durch den herrlichen Park, der sich mit jedem englischen messen kann; aufmerksam musterst du die Passanten, starrst den Entgegenkommenden ins Gesicht – doch vom Besitzer des Paketes keine Spur. Am Schloßteich hältst du schließlich entmutigt Rast – und vergißt innerhalb kurzer Zeit, weshalb du eigentlich gekommen bist. Die Aussicht nimmt dich gefangen,

schlägt dich in ihren Bann. Dein Blick schweift ungehindert in die Ferne, wo die Landschaft in den tiefen, dunklen Wäldern verdämmert. Du fühlst, ja, du spürst es: Du bist hier an einem Ende der Welt angelangt. Du hast Transsylvanien erreicht: das Waldviertel – ein verwunschener Ort …

Feuerstein ist anscheinend nicht hier. So gut es dir hier auch gefällt, ihn noch länger auf der Riegersburg zu suchen, ist Zeitverschwendung.

- Willst du zur Rosenburg zurückkehren? Weiter bei **57**.
- Oder hoffst du, auf Schloß Drosendorf etwas über den verschollenen Wissenschafter zu erfahren? Weiter bei **58**.

60

Da gibt es nichts zu rütteln – oder doch? O ja, die schwarze Tür in dem eisernen Wandschrank läßt sich mit leisem Knarren ein paar Millimeter weit öffnen, bevor sie von dem starken Riegel blockiert wird. Doch der Spielraum ist nicht groß genug, um in den Mauerkasten spähen zu können. Außerdem ist es hier an dieser Stelle viel zu dunkel, um irgend etwas in diesem Schrank zu erkennen. Du nimmst den Rucksack vom Rücken und kramst nach deiner Taschenlampe. Da bemerkst du die dicken Kabel, die vom unteren Rand des Kastens wegführen. Dir geht ein Licht auf. Bei diesem „Tresor“ kann es sich nur um den Sicherungskasten für die Strom-

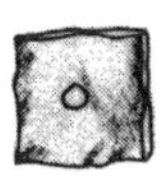

versorgung handeln. Sehr fortschrittlich, die Burgherren von Kollmitz, denkst du schmunzelnd. Jedenfalls braucht man den eisernen Mauerschrank nicht mehr weiter zu untersuchen – ziemlich unwahrscheinlich, daß Feuerstein sich oder eine seiner Botschaften hier versteckt hält. Weiter bei **69**.

61

Nachdem du die Rosenburg gesehen hast, entschließt du dich, die Strecke von Wegscheid nach Steinegg kennenzulernen. Auf diese Fußwanderung hast du dich schon lange gefreut; sie zählt zu den schönsten in Österreich – ein Geheimtip für Leute, die Ruhe und Einsamkeit suchen. Und zu denen bist du jetzt unbedingt zu zählen! Die ganze Zeit über wirst du das unbestimmte Gefühl nicht los, daß irgend jemand hinter dir her ist … Weiter bei **62**.

62

Umweltschützer haben hier ein geplantes Wasserkraftwerk verhindert und damit erreicht, daß ein Stück dieser einmaligen Flußlandschaft erhalten blieb. Weit und breit ist keine menschliche Ansiedlung, kein Haus, nicht einmal eine Hütte zu sehen; kaum daß dir ein anderer Wanderer begegnet. Vorbei an bemoosten Felsen und sumpfigen Wiesen gelangst du schließlich zu einem uralten Mühlenwirtshaus. Dort ist gut Rast halten. Umrauscht vom Wasser des Kamp sitzt du hinter schattigen

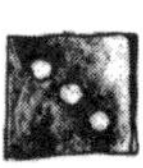

Kastanienbäumen und läßt dir die frisch zubereiteten Waldviertler Mohnnudeln schmecken, die dir die Wirtin, ohne lang zu fragen, serviert hat. Es sieht aus, als hätte sie mit deinem Besuch gerechnet. Tja, es könnte der schönste und erholsamste Urlaub deines Lebens sein, wenn, ja wenn sich nicht dieses merkwürdige Paket in deinem Rucksack befände …

Nachdem du dich gestärkt, die Küche gelobt und dein Mittagessen bezahlt hast, händigt dir die freundliche Wirtin noch ein Kochrezept aus: Waldviertler Mohnnudeln nach Art des Hauses. Du wirfst einen Blick auf das Papier und wirst stutzig. Die Schrift wirkt unregelmäßig; manche Buchstaben stehen ein wenig schief. Willst du das Rezept lesen? Ja? Weiter bei **63**. Nein? Du steckst den Zettel in deine Hosentasche und wanderst weiter. Dein nächstes Ziel heißt Abschnitt **64**.

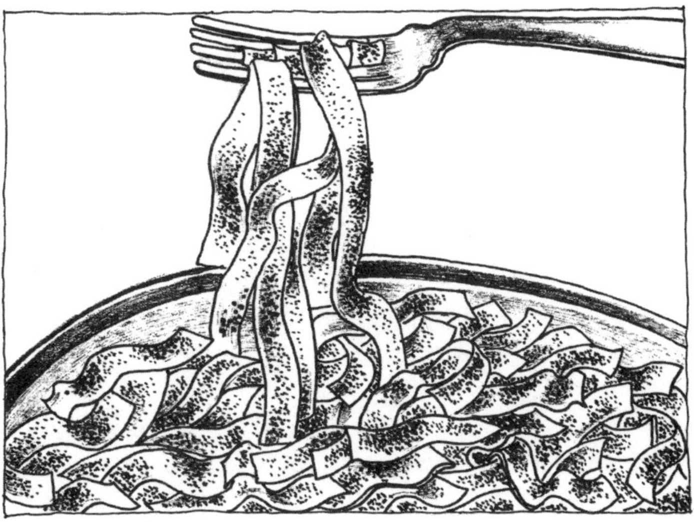

63

Waldviertler Mohnnudeln

Zutaten: 1 *K*ilogramm mehlige Erdäpfel, 300 Gramm glattes Mehl, Fett, M*o*hn und Zucker.
Zubereitung: Erdäpfel schälen, vierteln und in Salzwasser zuste*ll*en. Sobald das Wasser zu kochen beginnt, schnell das *M*ehl hinzufügen, aber nicht umrühren, sondern nur einige „Löcher" *i*n den Mehlhügel stoßen, damit Wasser und Dampf durchquellen können. 25 Minuten bei kleiner Flamme kochen lassen, dann das Wasser abgießen. Erdäpfel und Mehl auf einem Brett zu *T*eig verarbeiten, Nudeln formen, in heißes Fett geben und mit Mohn und *Z*ucker bestreuen. Weiter bei **64**.

64

Die magische Schönheit des Kamptals hat es dir angetan. In unzähligen Windungen schlängelt sich der Fluß mit dem goldbraunen, eisenhältigen Wasser dahin. Uralte Berge und trutzige Burgen halten zu beiden Seiten seines Weges Wacht. Wieviele Schicksale haben sich hier entschieden? Was mag er schon alles gesehen haben, seit ihm die Kelten seinen Namen gaben? „Kampos" nannten sie ihn, den „Gekrümmten". 94 kleine, 58 mittlere und 57 große Krümmungen soll er haben, und an jeder Flußbiegung gibt es neue Überraschungen zu entdecken. Weiter bei **38**.

65

Noch 300 Meter, dann ist es soweit. Du hast es geschafft, hast endlich die Ruine erreicht. Hier also soll

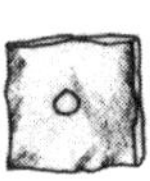

sich dein Abenteuer entscheiden, dies ist der magische Ort, an dem die Schicksale sich kreuzen …

Du bist mächtig beeindruckt. Die Anlage ist großartig; gewaltiger, als du sie dir vorgestellt hast. Noch ist es hell genug, um einen Erdkundungsgang durch das weitläufige Gemäuer zu unternehmen. Möchtest du die Festung betreten? Weiter bei **66**. Oder willst du auf einer Bank vor der Ruine erst einmal verschnaufen und ein wenig ausruhen? Weiter bei **94**.

Als die Ruine noch ein stolzes Schloß war.

66

Nach kurzem Zögern gibst du dir einen Ruck und betrittst die neu angefertigte Brücke, die zum ersten Torturm führt. Die Löcher für die Rollen der alten Zugbrücke sind noch deutlich zu sehen. Auch Reste steinerner Figuren an der Einfassung des Tores kannst du ausnehmen. Im Inneren des runden Turmes fällt dir zunächst ein weißes Schild mit rotem Rand auf:

BETRETEN DER RUINE AUF EIGENE GEFAHR!

Das macht nicht gerade Mut. Daneben ist noch eine hölzerne Tafel angebracht: *Campieren verboten!* Auffallend ist auch eine große, schwarze Eisenbüchse, die mit einem Schlitz zum Geldeinwerfen versehen ist. Ob hier Spendengelder für die Erhaltung der Ruine gesammelt werden? Weiter bei **67**.

67

Du siehst dich um im Inneren des ersten Torturms. Linker Hand entdeckst du im Gemäuer eine Türöffnung, dahinter mehrere Steinstufen, die nach oben führen. Willst du diesem Weg folgen? Weiter bei **68**. Oder gehst du lieber geradeaus weiter, verläßt den Torturm und betrittst den äußeren Burghof? Weiter bei **123**.

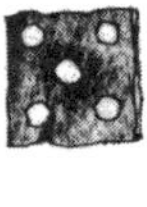

68

Die steinernen Stufen setzen sich in einer Holztreppe fort. In der Mauer zu deiner Linken entdeckst du einen merkwürdigen schwarzen Eisenkasten, der wie ein Tresor in die Wand eingebaut ist. Der Kasten ist mit Schloß und Riegel gesichert. Willst du ihn näher untersuchen?

- Ja? Weiter bei **60**.
- Nein? Weiter bei **69**.

69

Wie gesagt: Die steinernen Stufen setzen sich in einer Holztreppe fort. Du läßt den eingemauerten Eisenkasten links liegen und steigst die Stiege hoch. Jetzt stehst du im Obergeschoß des Torturmes. Von hier aus hast du einen schönen Ausblick auf den äußeren Burghof – nicht mehr und nicht weniger. Du könntest zwar über eine hölzerne Absperrung klettern und so das Dach des darunterliegenden Gebäudes erreichen – also den ehemaligen Heuboden –, aber davon versprichst du dir wenig. Also kehrst du um und steigst die Treppe hinunter. Wieder kommst du an dem eingemauerten Kasten vorbei.

- Willst du ihn vielleicht jetzt näher untersuchen? Weiter bei **60**.
- Der eiserne Schrank interessiert dich nicht (mehr). Du glaubst, daß die Ruine mehr zu bieten hat. Weiter bei **123**.

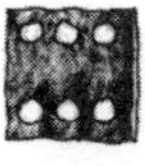

70

Für die Salomon hat sich die Nacht gelohnt. Für dich gibt es weiterhin nur Ungewißheit. Du – ein moderner Gralsritter – hast deinen Auftrag noch nicht erfüllt. Für dich heißt es hoffen und warten. Seufzend und ein wenig neidisch blickst du der Forscherin nach, wie sie die nächtliche Ruine durch den äußeren Torturm verläßt. Ein Motor wird angelassen. Die Lichtkegel der Scheinwerfer tasten sich wie gespenstisch lange Finger unheimlich durch die Dunkelheit. Salomons Kleinwagen rollt bergab, quert die schmale Thayabrücke und ist kurz darauf von den dichten Wäldern verschluckt. Weiter bei **127**.

71

Mit Schaudern streichst du über das kalte Eisen. Wenn dich nicht alles täuscht, dann ist dies ein ganz besonderes Schwert. Keine Waffe aus der Ritterzeit, sondern älter, sehr viel älter. Obwohl der Zahn der Zeit schon kräftig an dem länglichen Stück Eisen genagt hat, kannst du eindeutig feststellen: Dies ist ein Schwert, wie es die Kelten verwendeten. Du kannst dich an Abbildungen in Büchern erinnern. Aber wenn dies ein Keltenschwert ist – das Blut stockt dir in den Adern bei dem folgenden gräßlichen Gedanken –, dann hat es der frühere Besitzer, irgendein Waldviertler Kelte, ja wohl kaum zum Nägelschneiden benützt – und bestimmt auch nicht zum Kartoffelschälen. Dann hat er vermutlich vor rund zweitausend Jahren mit dieser Waffe gekämpft und möglicherweise auch irgendwelche Feinde getötet! Schauderhaft! Grauenvoll! Entsetzlich! Die Kelten waren ja bekannt dafür, daß sie mit Vorliebe ihre besiegten Feinde um einen Kopf kürzer machten. Auf diese Weise wollten sie ihre Opfer hindern, eines Tages aus dem Totenreich zurückzukehren. Weiter bei **72**.

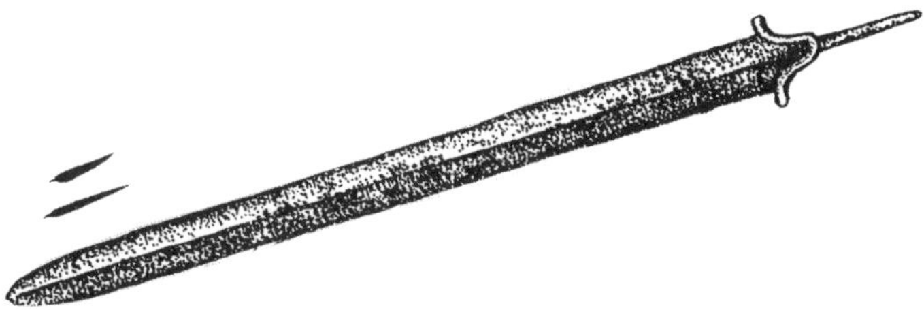

72

Blutrünstige Erzählungen aus dem Geschichtsunterricht fallen dir ein. Wenn die keltischen Krieger von der Schlacht siegreich zurückkehrten, hingen ganze Bündel abgeschlagener Köpfe an den Zaumzeugen ihrer Pferde. Die Köpfe der Feinde wurden dann zu Hause an die Türpfosten der Hütten genagelt. Manchmal zersägten die Kelten auch die erbeuteten Schädelknochen und verwendeten sie als Trinkschalen …

Du schüttelst dich vor Abscheu. Und jetzt auf einmal hast du eine Waffe aus dieser grauen Vorzeit in der Hand und weißt nicht genau, wie du sie wieder loswerden sollst. Welche schaurige Überraschung wird in dem Leinensäckchen auf dich warten? Weiter bei **73**.

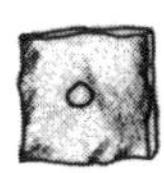

73

Du gibst dir einen Ruck und nimmst das Leinensäckchen zur Hand. Du hörst leises Klimpern und Klirren. Als du das Säckchen umdrehst, bist du auf das Ärgste gefaßt – aber es sind Münzen, die herausrollen, uralte Silbermünzen. Auf zweien kannst du Reiter ausnehmen, die anderen zeigen Porträts im Profil. Auf einer der Münzen läßt sich das Wort NONNOS entziffern – in Spiegelschrift. Ist es der Name eines Prägeherrn, eines keltischen Fürsten? Woher kommen diese Münzen? Wer fand sie? Wem gehören sie? Und was sollst du damit beginnen? Fragen über Fragen. Nachdenklich kratzt du dich am Ohr – mit dem Fingernagel, nicht mit dem Schwert. Weiter bei **51**.

74

Noch einen schrillen Schrei des Entsetzens stößt die Salomon aus, und noch einen. Du hättest nie gedacht, daß eine hagere Person wie sie solche Stimmkraft besitzt (aber diese Wissenschafter sind immer für Überraschungen gut)! Und plötzlich wirft sie sich dir an den Hals – bereits zum zweiten Mal in dieser Nacht. Diesmal allerdings will sie dir nicht die Luft abschnüren. Die Salomon hat Angst, schlicht und einfach Angst. Das kannst du verstehen. Du merkst, wie die Frau am ganzen Körper zittert. Weiter bei **75**.

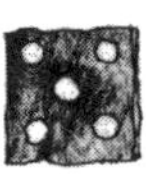

75

„Was ist los?“ fragst du und versuchst, deiner Stimme einen harmlosen Tonfall zu geben. „So beruhigen Sie sich doch!“ Nur mühsam gelingt es der Biologin, mit ihren bebenden Lippen Worte zu formen. „Da war etwas“, flüstert sie heiser. „Ich hab’ es ganz deutlich gespürt. Da war jemand auf der Bank, und ich hab’ mich daraufgesetzt!“ Weiter bei **76**.

76

Mit deiner gespielten Ruhe ist es vorbei. Du springst auf. Im Nachhinein packt dich blankes Entsetzen. Deine Zähne schlagen gegeneinander, und kalter Schweiß perlt über deinen Rücken. Weiter bei **77**.

77

Immerhin bist du der erste von euch beiden, der sich wieder beruhigt. Du zwingst deine Furcht nieder und dich selbst auf die Bank. Schließlich gelingt es dir, die Forscherin zu überreden, neben dir wieder Platz zu nehmen. Zur Sicherheit tastest du über die Sitzfläche. Du willst der Salomon ersparen, daß ihr Platz wieder besetzt ist. „Im Kino“, flüsterst du und versuchst, humorvoll zu sein, „ist mir schon einmal etwas Ähnliches passiert!“ Weiter bei **89**.

78

Nachdem du den ersten Torturm durchschritten hast, fällt dir rechter Hand ein längliches Gebäude auf. Es scheint sich um die ehemaligen Stallungen und Wagenschuppen zu handeln. Du spähst durch ein vergittertes Fenster. Innen ist es ziemlich dunkel. Modriger Geruch schlägt dir entgegen. Der Schein deiner Taschenlampe fällt auf ein Schild. Neugierig beginnst du zu lesen:

Wegen vielfacher Zerstörungen durch ungebetene Gäste müssen wir leider die beiden Türme sperren. Wir bitten um Verständnis hiefür. Die Türme werden nur geöffnet, wenn Aufsichtspersonen anwesend sind, vorwiegend also an Sonn- und Feiertagen.

Aha. Mit den beiden Türmen sind vermutlich der hohe Wehrturm und der Bergfried gemeint. Du überlegst. In deinem Kopf ist alles etwas durcheinandergeraten, und du hast vergessen, welcher Tag heute

---

Lageplan der Ruine

a *Torturm*
b *zweistöckiges Gebäude*
c *Halb-Rondell*
d *äußerer Burghof*
e *halbrunder Turm*
f *Eingang zur inneren Burg*
g *ehemaliger Burggraben*
h *zwingerartiger Hofraum*
i *südöstlicher Anbau*
m *Palas (Rittersaal, Kapelle)*
o *innerer Fluchtturm (Bergfried)*
r *äußerer Burghof*
s *innerer Burghof*
w *Wirtschaftsgebäude, Stallungen*

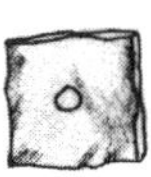

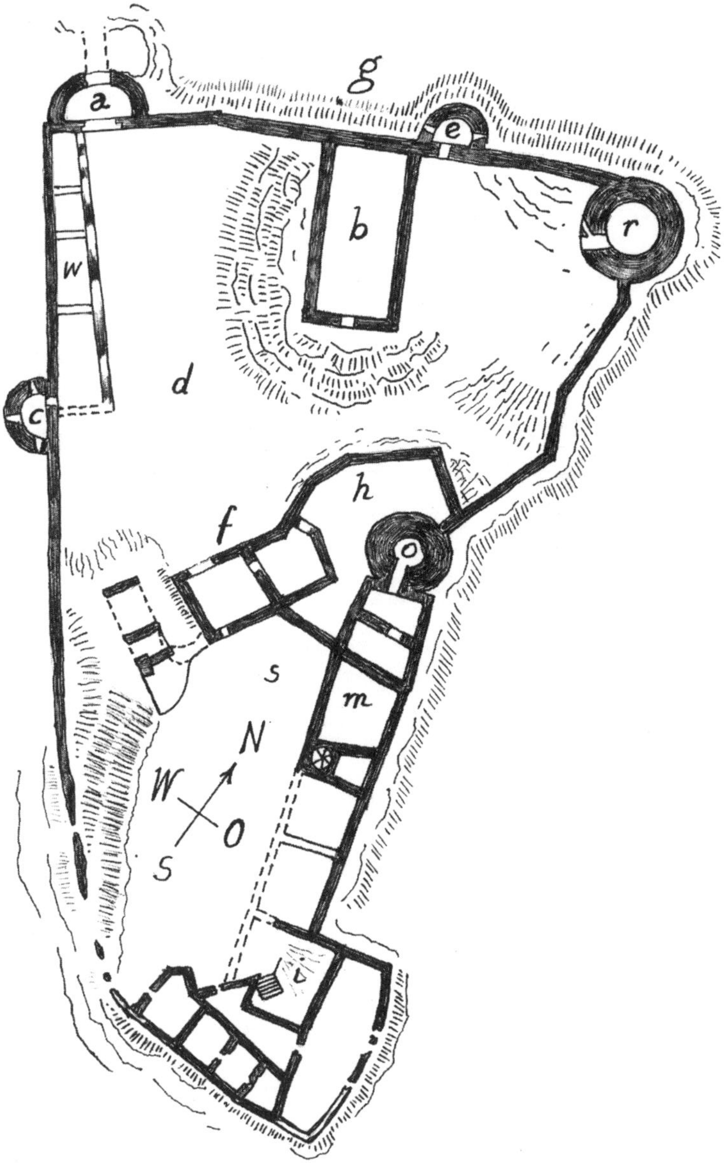

a
g
e
b
r
w
d
c
h
f
o
s
m
N
W
O
S

eigentlich ist. Aber das Problem ist nicht schwierig zu lösen. Aufsichtspersonen sind keine zugegen, also ist vorwiegend kein Sonn- und Feiertag. Daß sich ungebetene Gäste auf der Ruine herumtreiben, beunruhigt dich allerdings. Ob damit die Burggespenster gemeint sind? Weiter bei **79**.

79

Du bist jetzt im äußeren Burghof. Zu deiner Linken geht es steil und felsig bergan. Du folgst der Begrenzungsmauer mit den Augen und entdeckst in einiger Entfernung eine Öffnung ähnlich einer Tür.

- Willst du zu dieser Stelle? Weiter bei **80**.
- Oder hast du beschlossen, deinen Weg ins Innere der Ruine fortzusetzen? Weiter bei **100**.

80

Du kletterst über Felsklippen und Rasenbüschel ziemlich steil bergan. Den Weg mußt du dir selbst suchen. Schließlich erreichst du eine kleine Pforte in der nördlichen äußeren Burgmauer.

- Willst du eintreten? Weiter bei **90**.
- Oder willst du umkehren? Weiter bei **100**.

81

In Kollmitzdörfl, einem winzigen Flecken mit nur wenigen Häusern, gibt es – zu deiner angenehmen Überraschung – ein kleines, gut geführtes Gasthaus. Du beschließt, dich dort noch einmal kräftig zu stärken. Wer weiß, was die nächsten Stunden bringen werden! Du kommst mit einem Bauern am Nebentisch ins Gespräch und erzählst ihm von deinem Plan. Der Mann will dir dein Vorhaben unbedingt ausreden. Weiter bei **92**.

82

Ein schattiger, kurvenreicher Fahrweg führt dich etwa eine halbe Stunde lang durch lichten Nadelwald. Zwei Eichhörnchen huschen an dir vorbei. Im Unterholz findest du ein paar schmackhafte Erdbeeren. Weiter bei **83**.

83

Unvermutet – wie im Märchen – taucht mitten im Wald die sagenhafte „Böhmische Mauer" vor dir auf – gut 150 Meter lang, meterdick, zinnenbewehrt und mit mächtigen Endtürmen versehen. Die „Böhmische Mauer" ist einzigartig, für Fachleute vielleicht der interessanteste Teil von Kollmitz! Sie riegelt den ganzen Bergvorsprung, auf dem die Burg steht, ab und schützte die Festung gegen alle Angreifer, die von der „Landseite" her die Burg stürmen wollten. Mit leichtem Kribbeln in der Magengrube trittst du durch das gut erhaltene Spitz-

bogentor. Aber wenn du dachtest, hinter dieser Mauer befände sich bereits die Ruine, dann hast du dich – wieder einmal – getäuscht. Du stehst neuerlich im Wald – junge Föhren zu deiner Linken, ernste Tannen, dann hohe Fichtenstämme. Dazwischen glitzert rechts, tief, tief unten, die Thaya. Zu der Zeit, da die Burg noch bewohnt war, gab es diesen Wald nicht. Kein einziger Baum, kein Strauch durfte früher auf dem Gelände zwischen der „Böhmischen Mauer“ und der Festung wachsen, um Angreifern keine Deckung zu bieten. Du hast es da offenbar einfacher. Wie es aussieht, bist du heute möglicherweise der einzige Besucher hier.

Gleich hinter dem Tor führt – kaum sichtbar – ein schmaler Pfad durch das Unterholz die Mauer entlang. Willst du ihm folgen. Weiter bei **84**. Oder bleibst du lieber auf dem Fahrweg mit der grün-weißen Markierung? Er wird dich – hoffentlich! – in wenigen Minuten zu der alten Festung bringen, wo du dann – hoffentlich! – deinen Auftrag erfüllen kannst. Weiter bei **65**.

84

Du gehst auf dem schmalen Pfad, der sich dicht neben der mächtigen Mauer durch das Moos schlängelt, leicht bergab. Nach etwa hundert Metern ist er zu Ende – ebenso wie die Mauer. Hier geht es nicht mehr weiter, es sei denn, du willst den felsigen Hang, der steil zur Thaya abfällt, hinunterklettern. Du kehrst auf dem Waldweg zurück zum Spitzbogentor der „Böhmischen Mauer“. Weiter bei **65**.

Unvermutet taucht – wie im Märchen – mitten im Wald die sagenhafte „Böhmische Mauer“ vor dir auf.

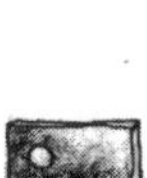

85

Du wanderst von einem Raum in den nächsten, und jeder hat neue Überraschungen zu bieten. Balken und Kassettendecken, 400 Jahre alte Fliesenböden, hölzerne Wandvertäfelungen, Tapeten aus Ziegenleder, Stilmöbel, alte Bilder, Stuckgewölbe, ... Du kommst aus dem Staunen nicht heraus. In den Schauräumen mit den Waffensammlungen drängen sich die Besucher. Du musterst sie alle, aber ein Mann mit hoher Stirn, Knollennase und langem Nackenhaar ist nicht darunter. Feuerstein steckt auch in keiner der prächtigen Ritterrüstungen, wie du dich in einem unbeobachteten Augenblick überzeugen kannst. Der Reihe nach hast du die Visiere geöffnet – die Rüstungen sind leer. Weiter bei **118**.

86

Von dem mit zahlreichen Inschriften beschmierten Gewölbe führt eine steile Eisentreppe zum inneren Bergfried. Ein Gittertor verwehrt dir den Eintritt in das Innere dieses gewaltigen Fluchtturms. Schade. Aber auch von dieser Stelle hast du eine großartige Aussicht über die Thaya-Schlinge. Andächtig blickst du hinunter ins Tal. Auf einmal verstehst du, warum die Festung gerade hier, an dieser Stelle, errichtet wurde. Und du verstehst, warum es im Laufe der Jahrhunderte keinem Feind je gelang, Kollmitz einzunehmen.

Du reißt ein Blatt von der Klopapierrolle, die du immer bei dir trägst, seit du von Feuersteins Darmgrippe erfahren hast, und kritzelst eilig sieben anklagende Worte auf das naturgraue Papier – unverschlüsselt:

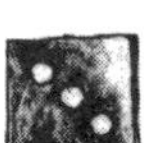

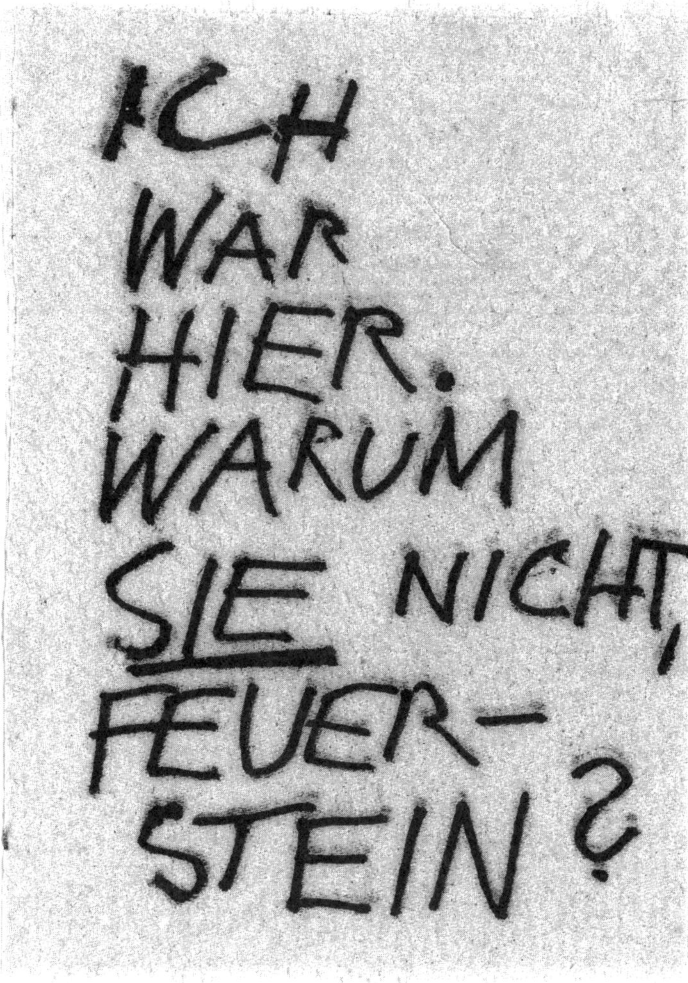
ICH
WAR
HIER.
WARUM
SIE NICHT,
FEUER-
STEIN?

Am liebsten würdest du ja einen Steckbrief ans Holz nageln: WER HAT DIESEN MANN GESEHEN?

Die Botschaft klemmst du so in den Türspalt des Bergfrieds, daß sie der Wind nicht davontragen kann.

Über die Eisentreppe gelangst du wieder abwärts. Jetzt nimmst du den bequemeren Weg hinunter ins Innere der Burg. Durch den zweiten Torturm kehrst du in den äußeren Burghof zurück. In der Nähe des Eingangs, an der Innenseite der Mauer, willst du dein Nachtlager aufschlagen. Campieren ist zwar verboten, aber gegen einen Schlafsack-Schläfer wird wohl niemand etwas einzuwenden haben ... Weiter bei **7**.

87

Neuerlich willst du dich in deinen Schlafsack zurückziehen, doch mit deiner inneren Ruhe ist es vorbei. Bald wird es hell werden. Im Osten zeigt sich bereits ein Silberstreif am Horizont, und eine Amsel beginnt ihr Frühkonzert. Weiter bei **88**.

88

Schließlich schläfst du doch noch für zwei oder drei Stunden ein. Stimmen wecken dich, viele plaudernde Stimmen. Als du dich benommen aus deinem Schlafsack schälst, mußt du mit Bestürzung erkennen, daß eine wahre Völkerwanderung zur Ruine eingesetzt hat. Das ist wirklich nicht nach deinem Sinn! Schließlich

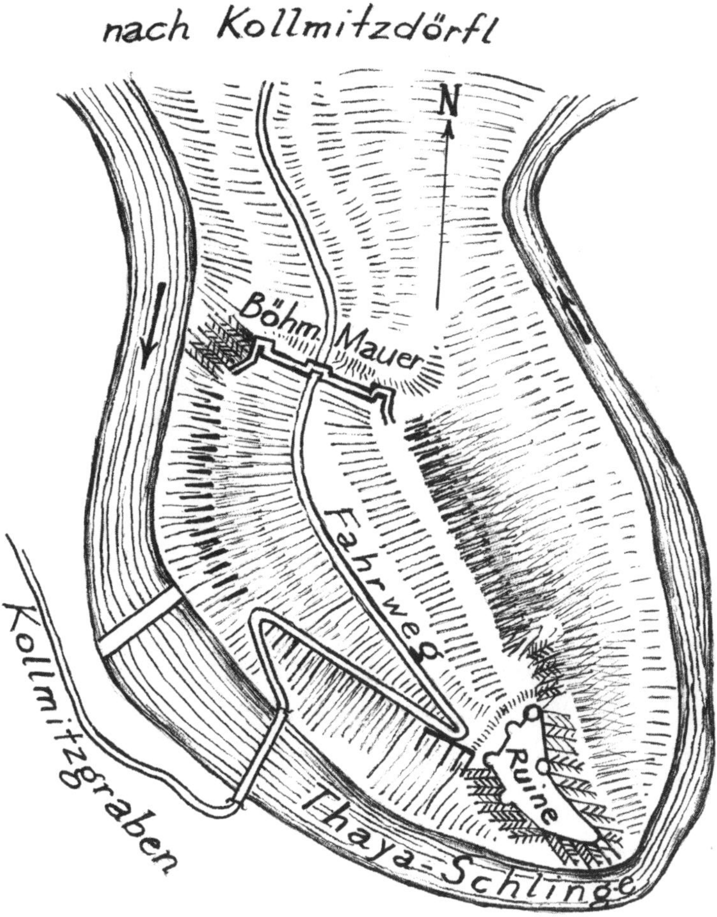
nach Kollmitzdörfl
N
Böhm. Mauer
Fahrweg
Ruine
Kollmitzgraben
Thaya-Schlinge

schleppst du – selbst nach dem, was in dieser Nacht geschah – noch immer wertvolle Dinge aus der Keltenzeit mit, die weiß Gott nicht dir gehören! Ob man etwas herausbekommen hat? Irgend etwas muß durchgesickert sein!

Hat Feuerstein selbst die Öffentlichkeit alarmiert, als er dich vielleicht verfehlte und nicht antraf? War es der blonde Hüne, der dich – nach deinen Enthüllungen – verraten hat? Was weiß die Frau mit den grünen Augen? Was die Salomon? Es sieht gar nicht gut aus für dich!

In aller Eile bist du auf den Beinen und rennst zu der kleinen Pforte in der äußeren Burgmauer, die direkt in den verwachsenen Burggraben führt. Scheinbar unbemerkt gelingt es dir, die Ruine zu verlassen.

Aber wie weiter? Von der „Böhmischen Mauer“ her kommen immer mehr Leute, und auch vom Ort Kollmitzgraben über die steile Bergstraße steuern Menschenscharen auf die Ruine zu. Es muß sich in Windeseile herumgesprochen haben, daß du dich mit dem Keltenschatz auf die Festung Kollmitz zurückgezogen hast. Du kannst jetzt nicht mehr in den Wald flüchten. Dir ist nur noch eine Möglichkeit geblieben: dich auf der Ruine zu verstecken! Vielleicht unter der Brücke, die zum zweiten Torturm führt?

So unbefangen wie möglich kehrst du zum Haupteingang zurück und mischst dich unter die Besucher. Ein fröhliches Liedchen vor dich hinpfeifend, reihst du dich bei der ersten Brücke unter den Neuankömmlingen ein. Aber kaum hast du den äußeren Torturm betreten, stürzen sich zwei Männer auf dich. Mit Mühe gelingt es dir, dich loszureißen und das Weite zu suchen.

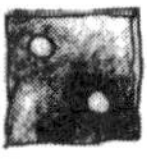

Aber heute sind überall auf der Ruine Menschen, an allen Ecken und Enden. Schon wird man auf dich aufmerksam, wie du durch den äußeren Burghof rennst. Weiter bei **43**.

89

Es dauert geraume Zeit, bis sich die Salomon wieder in der Gewalt hat. Du bringst nach und nach aus ihr heraus, daß sie auf der Suche nach einem seltenen Vogel namens Ziegenmelker (aus der Familie der Nachtschwalben) ist. Sie möchte unbedingt beweisen, daß diese Nachtschwalbe hier noch anzutreffen ist. Die Ergebnisse ihrer Forschungen will sie demnächst in einem Buch veröffentlichen.

„Jetzt geben Sie acht“, flüstert die Salomon und stimmt, noch immer am ganzen Körper zitternd, einen merkwürdigen Ruf an. Beim ersten Mal ist es eher ein heiseres Krächzen; beim zweiten Mal gelingt es schon besser, und beim dritten Mal ertönt aus der Kehle der Biologin ein lockender Balzruf, ein geheimnisvolles „Örrörrörr“. Gleichzeitig versucht sie, mit ihren Handrücken ein klatschendes Geräusch zu erzeugen. „Örrörrörr! Klatsch-klatsch-klatsch! Örrörrörr! Klatsch-klatsch-klatsch!

Langsam geht dir ein Licht auf! Frau Salomon will den Ruf und den Flügelschlag des Ziegenmelkers nachahmen! Naja, ganz hat sie den Balzruf der Nachtschwalbe nicht getroffen, aber mit ein bißchen Üben könnte sie es eines Tages schaffen. Ja, du kannst ihr mit

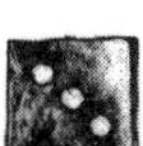

deinem Wissen weiterhelfen. Du warst anscheinend glücklicher als sie, du hast *ihn* gehört, den seltsamen Vogel, du kannst seine Anwesenheit bezeugen – auch wenn du ihn nicht mit eigenen Augen gesehen hast. Kunststück – in dieser ruinösen Dunkelheit!

Aufmerksam lauscht die Salomon deiner Erzählung, unterbricht dich kein einziges Mal. Offenbar hat sie sich jetzt endgültig beruhigt. Als du deine Taschenlampe kurz aufleuchten läßt, kannst du feststellen, daß ihr Gesicht bereits wieder Farbe angenommen hat. Ein Granitbrocken ist ihr anscheinend vom Herzen gefallen, so erleichtert wirkt sie. Es ist geschafft. Der Nachweis des Ziegenmelkers ist gelungen! Endlich hat sie einen Zeugen gefunden (nämlich dich), einen glaubhaften Zeugen für ihre Behauptung, daß dieses seltene Tier in den trockenen Nadelwäldern des Waldviertels noch heimisch ist. Sie bittet dich, deinen Namen in ihrem Buch nennen zu dürfen. Geschmeichelt stimmst du zu. Du bist auf dem besten Weg, berühmt zu werden. Weiter bei **70**.

90

Du gehst durch die Pforte und landest – im ehemaligen Burggraben. Er wurde einst mühevoll in den Fels gehauen und war sogar mit Palisaden bewehrt. Im Lauf der Zeit ist er allerdings verschüttet worden und zugewachsen. Du befindest dich also wieder außerhalb der Anlage. Daß es hier einen Fluchtweg gibt, um die Ruine rasch und unbemerkt zu verlassen, kann vielleicht noch wichtig für dich werden. Du beschließt, dir dieses kleine Tor gut zu merken, wanderst abwärts und kommst wieder zum Haupteingang. Weiter bei **66**.

91

Du schüttelst den Kopf. Nein, du willst das sperrige Ding nicht halten, schließlich hast du an einem schweren Rucksack zu schleppen. Aber der Unbekannte drängt dir das Paket einfach auf. Er läßt es los, und wenn du nicht willst, daß es dir auf den Fuß fällt, mußt du es auffangen. Weiter bei **4**.

92

„Keine zehn Rösser", sagt der Bauer mit Nachdruck und wischt sich den Bierschaum aus dem Schnauzbart, „keine zehn Rösser bringen mich auf die Ruine. Daß es dort oben bei Nacht mit rechten Dingen zugeht, kann mir keiner weismachen! Manchmal siehst du einen Licht-

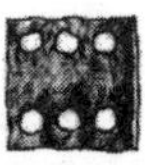

schein, und schaurige Gesänge hat man auch schon gehört!“

Meint er es ernst? Will er dich abschrecken? Oder will er deine Neugier erst recht anstacheln? Weiter bei **93**.

93

Es ist inzwischen später Nachmittag geworden. Du schulterst deinen Rucksack und nimmst das letzte Stück deiner abenteuerlichen Reise in Angriff. In Kollmitzdörfl gelangst du zu einem Wegweiser mit der Aufschrift „ZUR RUINE – KOLLMITZGRABEN“. Du zögerst. Ein neues Rätsel? Zur Ruine Kollmitz willst du ja, aber nicht nach Kollmitzgraben. Schließlich folgst du der Richtung, die der Pfeil angibt. Weiter bei **82**.

94

Du läßt dich auf der Bank vor dem Eingang zur Ruine nieder, atmest noch einmal tief durch. Ganz deutlich spürst du, daß der Höhepunkt deiner abenteuerlichen Reise bevorsteht.

Tief unten im Tal liegt Kollmitzgraben. Ein uraltes Weiblein schlurft zum hölzernen Glockenturm am rechten Thayaufer und läutet zur Vesper. Das Glockengeläute berührt dich eigenartig. Du hoffst, daß es nicht deine Stunde ist, die dir da schlägt. Weiter bei **66**.

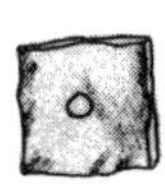

95

Einen Ruf wie diesen hast du noch nie im Leben gehört. Du knipst die Lampe an und gehst ein paar Schritte in die Richtung, aus der der seltsame Laut kommt. Gespenstisch huscht dein Lichtkegel über die verfallenen Mauerreste. Das Tier, was immer es sein mag, ist jedoch nicht auszunehmen. Wieder ertönt das klatschende Geräusch, entfernt sich jedoch. Du beschließt, umzukehren und deinen Schlafsack aufzusuchen. Weiter bei **96**.

96

Plötzlich stolperst du über einen Fels im äußeren Burghof. Du stürzt, die Taschenlampe fällt zu Boden und erlischt. Mit Mühe unterdrückst du einen häßlichen Fluch. Zum Glück weißt du ungefähr die Richtung, in der dein Schlafplatz liegt. Vorher tastest du am Boden noch nach deiner Lampe, bekommst sie aber nicht zu fassen. Dummerweise ist der Mond noch nicht aufgegangen. Es ist stockdunkel, und du hast die ganze Zeit über das Gefühl, als ob sich noch jemand in deiner nächsten Nähe aufhalten würde. Weiter bei **97**.

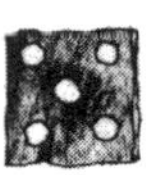

97

Schritt für Schritt tastest du dich zu deinem Schlafsack zurück. Wieder glaubst du, unweit von dir jemanden atmen zu hören, vermeinst, Augen in der Dunkelheit zu sehen. Und da geschieht es! Weiter bei **13**.

98

Einen Kilometer von der kleinen Ortschaft Pernegg entfernt liegt, eingebettet in die Landschaft, das ehemalige Kloster mit der Stiftskirche. Eine Märchenwelt tut sich vor deinen staunenden Augen auf. Gras wuchert auf uraltem Gemäuer. Verlassen und halb verwildert liegt das alte Stift Pernegg vor dir. Die Anlage ist mit Türmen und Mauern bewehrt. Bei einem Rundgang findest du im südlichen Waldstück spärliche Überreste des alten Schlosses – ein paar Mauersteine, nicht mehr. Aber auch die Klosterkirche weckt dein Interesse. Sie ist von einem kleinen Friedhof umgeben.

- Ob du hier in der Nähe dein Zelt aufschlagen sollst? Weiter bei **49**.
- Du könntest aber auch versuchen, einen Platz in der Jugendherberge zu finden. Weiter bei **143**. An diesem Ort wird man dich wahrscheinlich nicht so schnell aufspüren (falls du wirklich verfolgt werden solltest).

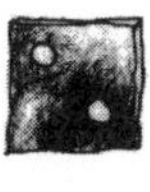

Alte Ansicht von Pernegg.

BERENEGG

99

Jemand reicht dir einen Brieföffner aus Messing – in Form eines winzigen Keltenschwertes! Du zuckst leicht zusammen. Aber ein Spaßverderber warst du noch nie. Also ergreifst du das Ding und schneidest den Umschlag damit auf. Ein Zettel flattert heraus. Du entfaltest ihn, liest, starrst beklommen auf das Papier und lächelst – ein wenig gequält, aber nicht unglücklich. Du hast einen Gutschein gewonnen; nicht irgendeinen, nein, einen besonderen! Weiter bei **25**.

100

Rote, braune und grün-weiß gestrichene Bänke stehen einladend im äußeren ebenen Teil des Burghofes.

- Wenn du in der eingeschlagenen Richtung weitergehst, kommst du zu den Resten der Hauptburg. Weiter bei **110**.
- Du entdeckst linker Hand eine Art Rondell, einen halbrunden, offenen Turm. Daneben ist eine Feuerstelle zu sehen. Ist der Turm für dich von Interesse? Weiter bei **111**.
- Du kannst dich aber auch nach links zum ansteigenden Teil des äußeren Burghofes wenden. Weiter bei **120**.
- Du willst mehr über die Südwestflanke der Ruine wissen, die steil zur Thaya abfällt? Weiter bei **130**.

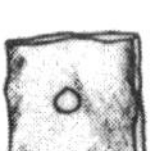

101

Gut gelaunt erwachst du am nächsten Tag im Zimmer der kleinen, netten Pension. Das reichhaltige Frühstück wartet schon auf dich. Sogar eine neue Tageszeitung liegt bereit. Du schlürfst den dampfenden Kaffee, schlägst die Zeitung auf und die Beine übereinander. Da wirst du stutzig. Ein Gesicht starrt dir auf einem Zeitungsfoto entgegen.

„Das ist er!“ schreist du entgeistert. Das ist der Mann, auf den du gestern vergeblich gewartet hast – eindeutig! Die hohe Stirn, die Knollennase, die langen Nackenhaare! Schlagartig taucht die Erinnerung an die Ereignisse vom Vortag auf. Weiter bei **102**.

102

Unter dem Bild in der Zeitung findest du noch folgende kurze Mitteilung:

Wegen plötzlicher Erkrankung des wissenschaftlichen Leiters Professor Emmerich Feuerstein mußte der für diese Woche auf Schloß Drosendorf geplante Kongreß für Urgeschichte kurzfristig abgesagt werden.

„Feuerstein“, murmelst du, „Professor Emmerich Feuerstein …“ Jetzt weißt du wenigstens den Namen des Mannes, der dir das Paket unbekannten Inhalts überreicht hat. Wo ist es überhaupt, das längliche Ding? Was mag es enthalten?

Du bückst dich und blickst unter das Bett. Da liegt es, noch immer wohlverpackt. Es ist also noch da, und da-

Professor für Urgeschichte Emmerich Feuerstein.

mit auch das Problem: Was tun mit dem merkwürdigen Mitbringsel? Weiter bei **23**.

103

Du mußt dir eine Eintrittskarte kaufen, es bleibt dir nichts anderes übrig. Willst du die Flugvorführungen und die Falkner an der Arbeit sehen?

- Ja? Weiter bei **106**.
- Nein? Weiter bei **109**.

104

Horoskop: *Das wird keine sehr angenehme Zeit für Sie werden. Sie haben zwar hervorragende Ideen, aber Sie kommen nicht so voran, wie Sie gehofft hatten. Immer wieder macht Ihnen irgend jemand oder irgend etwas Probleme. Möglicherweise empfinden Sie das auch nur so. Mit Ruhe und Gelassenheit können Sie jedenfalls Ihre Umwelt entwaffnen. Achtung: In Geldfragen könnte es kritisch für Sie werden.*

Na, was sagst du jetzt? Wenn das keine Entscheidungshilfe ist! Weiter bei **105**.

105

- Willst du die Verpackung entfernen und nachsehen, was in dem Paket enthalten ist? Weiter bei **28**.

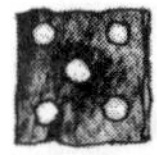

- Du weißt, daß es ein Briefgeheimnis gibt. Wahrscheinlich gibt es auch ein „Paketgeheimnis“. Obwohl dich die Neugier plagt, läßt du das Ding lieber so verschnürt, wie es ist. Weiter bei **174**.

106

Bist du jünger als 15 Jahre? Weiter bei **107**.
Bist du älter als 15 Jahre? Weiter bei **108**.

107

Da hast du Glück. Du bekommst eine ermäßigte Karte. Weiter bei **112**.

108

Du mußt den vollen Preis bezahlen, es sei denn, du bist ein „Senior“ oder ein Präsenzdiener. Weiter bei **112**.

109

Steinerne Wappentafeln und die verschiedenartig gestalteten Fassaden lassen schon von außen die wechselvolle Geschichte der Rosenburg erahnen. Du betrittst den Turnierhof, angeblich der größte Europas, und wanderst in Richtung der eigentlichen Burganlage. Unauffällig

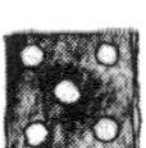

siehst du dich dabei immer wieder nach einem mittelgroßen Herrn mit hoher Stirn, Knollennase und langem Nackenhaar um – vergeblich. ob er vielleicht beim Buffet im mittleren Burghof wartet?

Vom Turnierplatz kommst du an drei Säulen vorbei, mit Löwen und einem Geharnischten gekrönt, durchschreitest einen Triumphbogen, einen Torturm und gelangst in den ursprünglichen Vorhof.

- Willst du auf deiner Suche nach Professor Feuerstein weiter ins Innere der Rosenburg vordringen? Weiter bei **85**.
- Du möchtest umkehren, weil du nicht länger glaubst, daß sich Feuerstein hier mit dir treffen wird? Dann solltest du dich aber noch in der Gaststätte vor der Burg stärken! Weiter bei **118**.

110

Du hast jetzt die Mitte der Anlage erreicht. Von Professor Feuerstein keine Spur. Ob er sich in der Hauptburg aufhält und es nicht wagt, sich zu zeigen? Ob er überhaupt schon hier ist? Oder wird er erst eintreffen? Kommt er wirklich? Und welches Geheimnis schleppt dieser Mann mit sich herum?

Wie auch immer, du bist entschlossen, ins Innerste der Ruine vorzudringen. Vor dir ist ein künstlicher Graben, über den eine – ebenfalls neu errichtete – Brücke zum zweiten Torturm führt. Es gibt zwei Tore: ein großes, wohl für Reiter, und ein kleines für Fußgänger. Rechts neben dem zweiten Torturm erblickst du eine

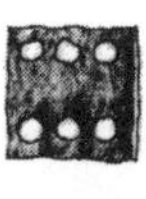

Holzbrücke, die ebenfalls in den inneren Burghof führen könnte. Wie willst du deinen Weg fortsetzen?

- Du nimmst den Weg durch den zweiten Torturm. Weiter bei **12**.
- Du beschließt, über die Holzbrücke ins Innere der Ruine vorzustoßen. Weiter bei **20**.
- Du entdeckst einen dritten Weg, der links am zweiten Torturm vorbeiführt. Weiter bei **117**.

111

Bist du von allen guten Geistern verlassen? Du stößt dich vom Mauerrand ab, springst in die Tiefe des Rondells – und setzt dich dabei gehörig in die Nesseln! Es juckt und brennt an Armen und Beinen, und du weißt nicht, wo du dich zuerst kratzen sollst. Diese Waldviertler Brennesseln kommen dir noch heimtückischer vor als ihre Artgenossen anderswo. Wenn du die Salomon wieder einmal triffst, wirst du sie danach fragen. Aber jetzt heißt es die Zähne zusammenzubeißen und zu versuchen, wieder in den äußeren Burghof zu gelangen. Weiter bei **79**.

112

Tagtäglich werden auf der Aussichtsterrasse der Rosenburg Greifvögel im Freiflug vorgeführt – ein eindrucksvolles Schauspiel für alle Besucher. Für kurze Zeit gelingt es dir, Feuerstein und sein Paket zu vergessen.

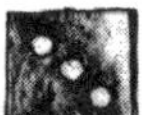

Jagdfalken zeigen ihre Sturzflüge, Adler und Geier ziehen hoch oben majestätisch ihre Kreise um die alte Burg. Falkner zeigen sich in historischen Kostümen. Du fühlst dich ins 16. Jahrhundert entrückt.

- Willst du auch die Burganlage besichtigen? Weiter bei **109**.
- Du vermutest, daß du Feuerstein unter den zahlreichen Besuchern des weitläufigen Schlosses gar nicht entdeckst, und begibst dich in die Gaststätte vor der Burg? Weiter bei **118**.

113

Du verläßt Pernegg und radelst nach Westen. Eigentlich möchtest du nach Raabs, um dort das Schloß zu besichtigen. Aber der einsetzende Regen durchkreuzt deinen Plan und durchweicht deine Socken. Als dann in der Nähe von Irnfritz ein Gewitter losbricht, beschließt du, eine Gastwirtschaft aufzusuchen. Weiter bei **114**.

114

Du findest in Irnfritz tatsächlich ein Gasthaus. Du bist der einzige Gast, schließlich ist es später Vormittag, und die Stube wird sich wohl erst gegen Abend füllen. Eine freundliche Wirtin nimmt deine Bestellung entgegen und verschwindet in der Küche. Doch du bleibst nicht lang allein; plötzlich steht – wie aus dem Boden gewachsen – ein neuer Gast in der Stube, ein wahrer Hüne von

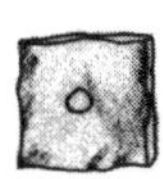

Gestalt. Sein langes blondes Haar hat er zu einem Zopf zusammengebunden. Augenblick, den hast du doch schon einmal wo gesehen!

Obwohl der ganze Raum leer ist, will der blonde Riese ausgerechnet an deinem Tisch Platz nehmen. Fragend deutet er auf einen Stuhl, dir gegenüber.

Du nickst – was sollst du sonst tun? –, aber begeistert bist du nicht. Am liebsten wärst du jetzt allein, um deine Gedanken zu ordnen.

Aufmerksam mustert dich der neue Gast. Besonders dein Rucksack mit dem länglichen Paket scheint ihn außerordentlich zu interessieren. Dir wird langsam unbehaglich, und du siehst dich nach der Wirtin um. Du möchtest deine Zeche zahlen, damit du das Lokal möglichst bald verlassen kannst.

Plötzlich beginnt dein Gegenüber zu sprechen: „Prolinte! Kolik je hodin?“ fragt er. Verwirrt starrst du den Mann an. Dir ist weiß Gott nicht nach einer Unterhaltung zumute.

Schließlich ringst du dir einen Satz ab: „Sprechen Sie deutsch?“ fragst du.

„Skoda, neumin nemecky ...“, murmelt der Hüne, ohne einen Blick von deinem Rucksack zu lassen. Du überlegst angestrengt. Was hat der Mann vor? Ist es Zufall, daß er sich ausgerechnet zu dir gesetzt hat? Und in welcher Sprache spricht dieser merkwürdige Gast? Ungarisch? (weiter bei **143**) Böhmisch? (weiter bei **133**) Polnisch? (weiter bei **125**) Oder gar Russisch? (weiter bei **126**)

115

Da betritt ein weiterer Gast den Raum. Es ist eine zarte, schlanke Frau mit dunklen Haaren und auffallend grünen Augen. Der blonde Hüne erhebt sich rasch, geht auf die Frau zu und flüstert ihr etwas ins Ohr.

Draußen fährt ein Wagen vor. Es scheinen noch mehr Gäste zum Mittagessen zu kommen. Der große Blonde und die kleine Dunkle verlassen eilig das Gastzimmer. Erleichtert ziehst du die Karte mit der geheimen Botschaft aus der Tasche und legst sie neben deinem Teller auf den Tisch. Was können diese Wörter nur bedeuten? Weiter bei **116**.

116

Neuerlich öffnet sich die Tür zur Gaststube. Ein Touristenpaar, beide rundlich und gut genährt, poltert in den Raum und nimmt am Nebentisch Platz. Weiter bei **134**.

117

Vom äußeren Burghof bist du also zum zweiten Torturm gekommen. Du betrittst jedoch nicht die Innenburg, sondern hältst dich links. Neben dem Haupteingang gibt es einen schmalen Pfad, der kaum zu erkennen ist. Er führt bergab zu einer kleinen Pforte in der Mauer. Sie ist von Holunderbüschen fast ganz zugewachsen und daher

nicht leicht zu sehen. Kein Reiter konnte sie passieren, so niedrig ist sie. Die Pforte führt dich aus der Burganlage hinaus, genau zu jenem verschwiegenen Ort, den auch der Kaiser nur zu Fuß erreichen konnte, wie es im Volksmund heißt – zum Plumpsklo. Es ist schlicht, aus Holz gezimmert und dürfte neueren Datums sein. Wieder ein Fluchtweg, den du dir merken solltest, falls die Lage für dich bedrohlich werden sollte!

Du prägst dir die Stelle genau ein und kehrst in den äußeren Burghof zurück. Weiter bei **79**.

Klotür auf Kollmitz, Detail (Holz, unbekannter Baustil).

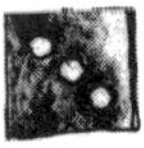

In der schattigen Gaststätte vor der Burg beschließt du, deine Enttäuschung mit einem Glas Ribiselsaft hinunterzuspülen. Du hast nicht nur deinen schweren Rucksack auf dieser Besichtigungstour überall mitgeschleppt, sondern auch das Paket mit dem vermaledeiten Schwert und den alten Münzen, und jetzt fühlst du dich abgespannt, müde und lustlos. Eher, sagst du dir, findest du im Kamp eine Perle in einer Flußmuschel als auf einer Waldviertler Burg einen Feuerstein! Der Spaß an der Suche ist irgendwo unterwegs verlorengegangen.

Auch an den anderen Tischen stärken sich Touristen nach der Burgbesichtigung ausgiebig mit Speis und Trank. Unter den Gästen fällt dir ein hünenhafter Mann auf, der dich immer wieder mit seinen Blicken streift. Auffallend an ihm ist, daß er seine langen blonden Haare zu einem Zopf gebündelt trägt. Ständig mustert er dich und dein Gepäck. Die Kellnerin scheint den Mann zu kennen. Einmal glaubst du zu hören, wie sie ihn beim Namen nennt: „Noch einen Wunsch, Herr Feuchtmüller?“ Feuchtmüller? Oder Leuchtmüller?

Vor Aufregung beginnst du zu schwitzen. Du ahnst Böses. Möglicherweise bist du auf der Jagd nach Professor Feuerstein selbst zum Gejagten geworden!

Als die Kellnerin die Rechnung auf den Tisch legt, bemerkst du, daß auch die Rückseite des Zettels beschrieben ist. Du drehst das Papier unauffällig um. Tatsächlich – eine Notiz!

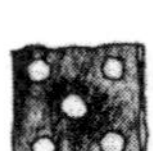

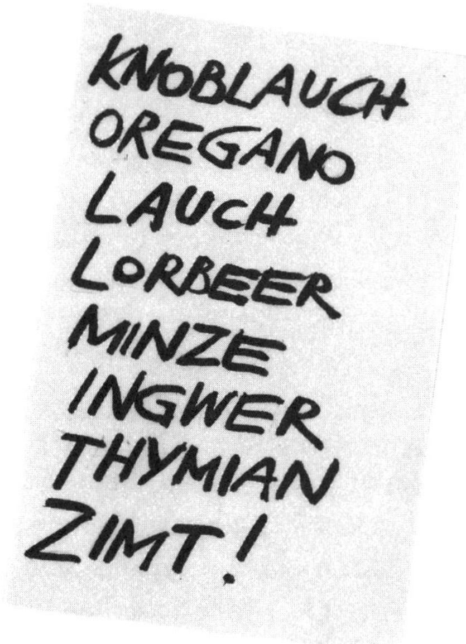

Was hat das nun wieder zu bedeuten? Eine seltsame Gewürzmischung! Hat der Koch der Gaststätte hier irgendwelche Zutaten notiert? Du denkst nicht weiter darüber nach, sondern wirfst den Zettel in einen Papierkorb und brichst auf. Als du dich noch einmal nach dem Mann mit dem Zopf umwendest, siehst du, daß auch er beim Papierkorb steht. Es kommt dir beinahe vor, als ob er etwas herausnehmen würde, aber du kannst dich natürlich täuschen. Weiter bei **61**.

119

Diesen Pfad einzuschlagen, war nicht besonders klug. Der rutschige Steig führt zwischen mannshohen Brennnesseln steil bergab – direkt an den südwestlichen Rand der Burg. Hier geht es vierzig, fünfzig Meter tief fast senkrecht hinunter zur Thaya – und kein Geländer ist da, an das du dich klammern könntest. Du verspürst ein nervöses Kribbeln in deinem Magen. Zum Glück bist du schwindelfrei – jedenfalls hast du das bis heute immer gedacht. Der Entschluß, den steilen Brennesselweg zurückzugehen, fällt dir leichter als die Ausführung. Schließlich stehst du schwer atmend hinter dem zweiten Torturm im Innenhof. Weiter bei **17**.

120

Im abschüssigen, grasbewachsenen Felsboden sind Bretter wie Stufen befestigt. Wenn du auf diesen Stufen bergan gehst, kommst du zu einem an die Außenmauer angebauten rechteckigen Gebäude. Es ist noch in halbwegs gutem Zustand. Wenn dich nicht alles täuscht, handelt es sich um den ehemaligen Getreidespeicher, der früher aber anderen Zwecken gedient haben muß. Zu diesem Raum hast du leider keinen Zutritt – die neue Gittertür ist mit einem Schloß versperrt. Immerhin kannst du erkennen, daß auf dem mit dichtem Gras bewachsenen Boden zahlreiche Bänke stehen. Wozu? Auf diese Frage kann dir im Augenblick niemand Antwort geben. Hält ein Geheimbund hier sein Treffen ab? Kommen hier Spiritisten zu ihren unheimlichen Sitzungen zusammen? Womöglich ist dies die Versammlungshalle eines Hexenklubs oder eines Keltenzirkels?

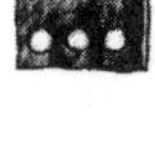

- Willst du zurück zu den Bänken im ebenen Teil des äußeren Burghofes? Weiter bei **110**.
- Oder möchtest du deinen Weg bergan fortsetzen? Weiter bei **140**.

121

Die Forscherin gibt dir bereitwillig Auskunft. Sie möchte, vertraut sie dir an, ein Buch über seltene und unbekannte Tiere des Waldviertels schreiben. Du siehst keinen Grund, an ihren Worten zu zweifeln. Weiter bei **122**.

122

Du hast beschlossen, deine Richtung möglichst oft zu wechseln. Dieser merkwürdige Feuerstein hat sich anscheinend in Luft aufgelöst und dir ein Problem aufgehalst, das vermutlich sein eigenes war. Wenn man, wie es aussieht, wegen des Keltenschatzes wirklich hinter dir her ist, dann willst du es deinen Verfolgern nicht leicht machen. Du kehrst über Altenburg nach Rosenburg zurück, hältst dich aber nicht auf dem Schloß auf, sondern leihst dir im Ort ein Fahrrad. Damit fährst du nach Horn und weiter nach Norden, Richtung Geras. Auf der Straße nach Geras liegt der kleine Ort Pernegg. Du hast den Namen in deinem Notizbuch unterstrichen. Hier muß es irgendwelche Sehenswürdigkeiten geben. Weiter bei **98**.

123

Konzentriert gehst du ans Werk. In deinem Kopf soll ein genaues Bild vom Plan der Ruine entstehen. Aber plötzlich fühlst du dich empfindlich gestört! Ein Rattern und Knattern hallt durch das Thayatal und zerreißt die abendliche Stille. Wenn dich deine guten Ohren nicht täuschen, kommt es näher! Mit deiner Hochstimmung ist es vorbei. Weiter bei **124**.

124

Fünf behelmte Gestalten, die Visiere geschlossen, brausen durch den äußeren Torturm in den Burghof – auf Motorrädern! Wie Raubritter in Ledermontur fallen sie ein. Dröhnend bricht sich der ohrenbetäubende Lärm in den alten Mauern. Schutt rieselt von den steinernen Türmen zu Boden, Staub wirbelt auf. Zum Glück sind die Eindringlinge vollauf damit beschäftigt, auf ihren Motocross- und Trialmaschinen das Gleichgewicht zu halten, so daß sie gar nicht dazukommen, sich um dich zu kümmern.

Ob es sich um die Nachkommen der „Kolmunzer" handelt, jenes sagenhafte Rittergeschlecht, das die Burg erbaut haben soll?

Der lärmende Spuk ist schnell wieder vorbei. Nachdem die Motorrad-Akrobaten im Innenhof eine Ehrenrunde gedreht haben, verlassen sie die Ruine auf demselben Weg, auf dem sie gekommen sind, und verschwinden in Richtung „Böhmische Mauer". Zurück bleibt

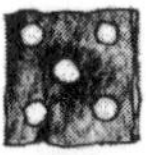

blauer Rauch und Bezingestank, der sich nur langsam verflüchtigt. Du bist erleichtert. Zu diesem Zeitpunkt ahnst du allerdings noch nicht, welche Überraschungen die Nacht noch für dich bereit hält! Weiter bei **147**.

125

Falsch! Zurück zu **114**!

126

Falsch! Zurück zu **114**!

127

Obwohl deine Lage nicht eben bequem ist, schlummerst du kurz ein. Plötzlich schreckst du hoch. Hufgetrappel kommt näher! Du hörst das Schnauben eines Pferdes. Wachst du oder träumst du? Nein, du hast dich nicht getäuscht. Steine knirschen unter schweren Tritten. Jetzt ist es gewiß: Obwohl dich die Salomon verlassen hat, bist du mit Sicherheit nicht länger allein in der nächtlichen Ruine. Weiter bei **128**.

128

Aber ob der Neuankömmling ausgerechnet Professor Feuerstein ist? Dir kommen Zweifel. Dein Puls beschleunigt sich; heftig beginnt dein Herz zu klopfen. Auf deinem Rücken entsteht eine ausgedehnte Gänsehaut. Anscheinend ist es etwas kälter geworden. Das gibt zu denken! Du weißt ja: Wenn die Temperatur in einem Raum ganz plötzlich um ein paar Grade fällt, ist das – huuuh! – ein untrügliches Zeichen für die Anwesenheit eines Geistes! Dasselbe müßte auch für eine Ruine gelten. Schließlich hältst du dich in einem geschlossenen Gebäude auf – obwohl du unter freiem Himmel nächtigst! Der Rest der Nacht verspricht alles andere als gemütlich zu werden! Du kuschelst dich in deinen Schlafsack, ziehst den Reißverschluß ganz zu und drückst dich eng an die Innenmauer. Mit gemischten Gefühlen harrst du der Dinge, die da auf dich zukommen. Hoffentlich wird dein Zähneklappern nicht lauter – der Neuankömmling, ob Mensch oder Geistwesen, hat dich anscheinend noch nicht bemerkt. Weiter bei **129**.

129

Im fahlen Mondlicht erkennst du eine stattliche Gestalt, vermutlich ein Mann, in altertümlicher Kleidung. Ein wenig erinnert dich der nächtliche Reiter an die Falkner auf der Rosenburg. Er springt vom Pferd und bindet es – wie aus Gewohnheit – am eisernen Fensterkreuz in der Mauer, rechts nach der Torstube, fest. An dieser Stelle befanden sich früher die Stallungen und Wagenschuppen! Der Besucher ist offenbar nicht zum ersten Mal hier; er scheint sich auf Burg Kollmitz auszukennen. Bei seinem Anblick fühlst du dich in ein längst vergangenes Jahrhundert versetzt. Was mag den fremden

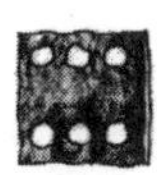

Reiter hierher führen, wer mag er sein? Der ruhelose Geist des Hans Adam von Hofkirchen, der Schimpf und Schande über seine angesehene Familie brachte; der seinen Onkel Niklas von Puchheim auf Schloß Raabs heimtückisch ermorden ließ? Der unselige „Kratzer von Therasburg", ein berüchtigter Raubritter, der im 15. Jahrhundert die Gegend um Kollmitz in Angst und Schrecken versetzte? Ist es der Geist eines böhmischen Hussiten? Ist es gar der erdolchte Feldherr Graf Wallenstein? Oder der unglückliche Hugo Klinger von Klingersdorff, einer der letzten Besitzer von Kollmitz, der den Liebhaber seiner Frau, einen russischen Grafen, vor mehr als 60 Jahren im Duell tötete? Niemand kann dir deine Fragen im Augenblick beantworten – es sei denn der unheimliche Gast selbst. Weiter bei **163**.

130

Vor dir tun sich Abgründe auf! Willst du nicht lieber zu Abschnitt **100** zurückkehren? Nein? Dann versuche dein Gleichgewicht nicht zu verlieren und Abschnitt **141** zu erreichen. Es könnte aber sein, daß dir dabei einiges entgeht!

131

Mit volltönender Stimme beginnt der Barde, von lebhaften Gesten begleitet, zu sprechen – hochdeutsch, mit leichtem Waldviertler Einschlag. Du spitzt die Ohren.

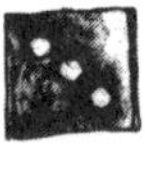

Was der edle Sänger von sich gibt, bezieht sich eindeutig auf eine von ihm verehrte Dame:

Beim Anblick Eurer vollen Lippen
beginn' ich, völlig auszuflippen!
Beim Anblick Eurer gold'nen Locken
beginn' ich, völlig auszuflocken!
Euer Haar gleicht jenem von Rapunzel,
und Eure Haut ist ohne Runzel.
Denk ich an Euren prächt'gen Hintern,
will ich nur eins: hier überwintern.
Und obendrein, das ist gewiß,
gefällt mir Euer stark Gebiß.
Mein Wort, Ihr seid die schönste Henne,
die ich in dieser Gegend kenne!
Jetzt fertig, los: Ziert Euch nicht lange –
knutscht einen Schmatz mir auf die Wange!
Ich bitt' Euch, seid nicht länger faul,
sagt „ja“ und öffnet Euer Maul.
Laßt mich hier nicht mehr länger schwafeln!
Wann wollen wir zusammen tafeln?

Weiter bei **132**.

132

Das ist starker Tobak – zweifelsfrei. Dieses Gedicht klingt ganz anders als alles, was man dir in der Schule über Minnegesang erzählt hat. Wer immer die Besungene sein mag, sie hat sich ein besseres Gedicht verdient. Weiter bei **167**.

133

Beim zweifach geschwänzten böhmischen Löwen, deine Antwort ist richtig! Der Mann hat tschechisch gesprochen.

Du zupfst die Wirtin am Schürzenband. „Kennen Sie den?“ fragst du. „Ist der ein Tscheche?“

Die Wirtin lacht. „G’sprochen hat er böhmisch. Vielleicht wollt’ er sich nur interessant machen. Aber wenn der ein Tschech’ ist, bin ich ein Thai-Mädchen!“ Sie senkt die Stimme zu einem Flüstern. „Der ist oft bei uns im Waldviertel; Feuchtmüller heißt er oder so ähnlich. Er ist ein Lehrer aus Linz.“ Weiter bei **115**.

134

Während du noch immer über der geheimnisvollen Botschaft brütest, widmet sich das Urlauberpaar am Nachbartisch einer anderen Karte, deren Text nicht verschlüsselt ist: der Speisekarte. Du schenkst den neuen Gästen jedoch wenig Beachtung. Die rätselhafte Nachricht, die dir zugesteckt wurde, nimmt deine Aufmerksamkeit voll in Anspruch. Ohne es recht zu wollen, hörst du mit einem Ohr mit, wie die beiden Touristen ihre Bestellung aufgeben. „Wiener Schnitzel mit Pommes und Salat! Und Ketchup!“ Wie einfallslos! Warum probieren sie nicht eine der köstlichen und preiswerten Waldviertler Spezialitäten aus? Die Mohnnudeln zum Beispiel. Irgendwo mußt du noch das Rezept haben. Weiter bei **135**.

135

Am Nebentisch wird inzwischen das Essen aufgetragen. Heißhungrig stürzen sich die zwei Urlauber auf ihre Schnitzel. Die Frau ergreift mit beiden Händen die Ketchup-Tube, als ob sie ihre Pommes frites in einem See aus Tomatenmark ertränken wollte. Doch die Tube gibt ihren Inhalt nicht preis. Die Frau drückt und drückt – vergeblich; nicht ein Tropfen Ketchup rinnt aus der Tubenöffnung. Weiter bei **136**.

136

Schon will die Urlauberin am Nebentisch verärgert nach der Wirtin rufen, da nimmt ihr Mann die Sache in die Hand. „Wahrscheinlich“, erklärt er mit männlichem Sachverstand, „steckt nur ein Pfropfen in der Öffnung!“ Mit markant-kräftigem Händedruck ergreift er die Tube und quetscht sie aus wie einen Badeschwamm. Ein unanständiges Geräusch – fffft – und ein riesiger Schwall Ketchup bekleckert die Teller, das Tischtuch und die Kleidung der beiden. Die Auswirkungen der Ketchup-Explosion sind sogar auf deinem Tisch bemerkbar: Die Karte mit der geheimen Botschaft ist über und über mit Ketchup bespritzt! Weiter bei **137**.

137

Zuerst willst du zornig auffahren. Aber als du das ketchuprote Papier mit der verschlüsselten Botschaft an

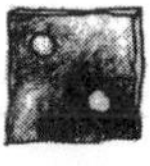

dich reißt, wirst du stutzig. Unglaublich! Was für ein Zufall! Was für ein Wink des Schicksals! Nie hättest du das für möglich gehalten! Weiter bei **138**.

138

Der riesige rote Klecks hat deine Karte mit der Geheimbotschaft fast ganz bedeckt – aber nur fast. Die Anfangsbuchstaben sind noch zu erkennen. Wie zufällig beginnst du die noch sichtbaren Laute zu einem Wort zu verbinden.
Und das ist des Rätsels Lösung! Du hast sie gefunden! Mit Hilfe deiner Tischnachbarin! Du weißt jetzt den Ort, an dem du dich mit Feuerstein treffen wirst. Weiter bei **139**.

139

Das Urlauberpaar ist aufgesprungen. Die Gesichter der beiden sind vor Verlegenheit ebenfalls tomatenrot angelaufen. Wortreich beteuern sie, wie peinlich ihnen der Vorfall sei. Aber du bist ihnen nicht mehr böse – im Gegenteil. Du könntest die beiden umarmen und abküssen, wären sie nicht von oben bis unten mit Ketchup besudelt. Als Entschädigung bieten dir die Touristen an, deine Zeche zu bezahlen. Das nimmst du dankend an; du mußt deine Reisekasse ohnehin schonen. Und dann bist du auf und davon! Weiter bei **149**.

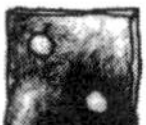

Vorher …

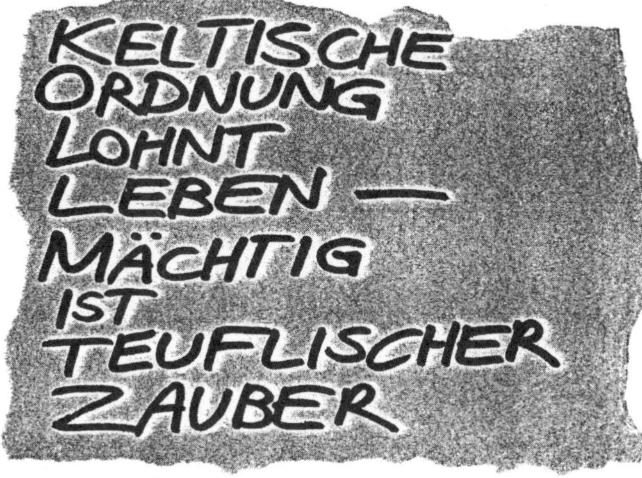

Nachher …

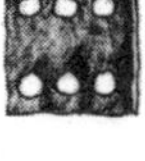

140

Vorbei an dem vergitterten Raum geht es zur höchsten Stelle der Burg, an der sich der wuchtige Wehrturm befindet. Eine Art hölzerne Hühnerstiege führt hinauf zum Zufluchtseingang in Mauerhöhe. Leider ist das Tor zu diesem Turm – wie angekündigt – verschlossen. Du kehrst um und begibst dich wieder in den ebenen Teil des äußeren Burghofes, um zur Hauptburg zu kommen – oder zu dem, was davon noch erhalten ist. Weiter bei **110**.

141

Obwohl dieser Teil, in dem du dich jetzt befindest, erst später an die bestehende Burg angebaut wurde, ist er keineswegs in besserem Zustand. Im unteren Teil des Trakts stößt du auf einen großen gewölbten Raum mit mehreren Nischen. Du legst deine staubbedeckten Hände wie einen Trichter vor den Mund und rufst, so laut du kannst: „Professor Feuerstein!“

Aber alles, was du als Antwort bekommst, ist das gespenstische Echo deiner eigenen Stimme, zart untermalt vom Summen der Hummeln. Weiter bei **142**.

142

Du machst noch ein paar vorsichtige Schritte in Richtung Thaya. Plötzlich gähnt vor dir im Halbdunkel – ein

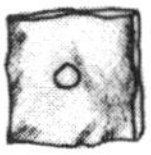

Brunnenschacht. Der Strahl deiner Taschenlampe reicht nicht, um ihn auszuleuchten. Ob irgend jemand weiß, wohin er führt? Angeblich soll es einen Geheimgang geben, der – unter dem Flußbett der Thaya – bis nach Raabs reicht! Vielleicht ist das hier der Einstieg!

Im Finstern an dieser Stelle weiter auf Erkundigung zu gehen, ist einfach zu riskant. Deshalb kehrst du bald wieder in den Innenhof der Ruine zurück. Weiter bei **17**.

143

Du gehst an der Kirche vorbei und betrittst durch ein Tor den Hof des ehemaligen Stiftes, das im Lauf der Zeit arg gelitten hat. Es macht einen recht baufälligen, fast verwahrlosten Eindruck. Worte in cyrillischer Schrift erinnern an russische Besatzungssoldaten. Die frühere Pracht kann man nur mehr erahnen. Der neue Putz an einer der Klostermauern beweist, daß man sich bemüht, das Stift nicht völlig verfallen zu lassen.

Eine wunderbare, fast unwirkliche Stille liegt über Pernegg. Kein Mensch ist auf dem begrünten Stiftshof zu sehen. Du betrittst das ehemalige Kloster durch den Haupteingang, über dem das Jugendherbergszeichen prangt – und gelangst in einen prächtigen Raum mit einem hohen, reich verzierten Stuckgewölbe – ganz in Weiß gehalten. Es gelingt dir, die Inschrift auf dem Schild einer lebensgroßen Heiligenstatue zu entziffern: PAX INTRANTIBVS ET SALVS EXEVNTIBVS …

Hier findest du freundliche Aufnahme für eine Nacht; länger willst du nicht bleiben. Weiter bei **50**.

Ende gut, alles gut, könnte man jetzt sagen. So froh du bist, daß sich alles in Wohlgefallen aufgelöst hat – viele Fragen sind noch offen. Du gibst dich noch nicht zufrieden! Professor Feuerstein ist dir eine längere Erklärung schuldig!

Im äußeren Burghof macht man euch auf einer der bunten Bänke bereitwillig Platz. Jetzt erfährst du auch, warum so viele Menschen auf die Burg strömten: In Kürze soll die erste Ruinen-Modenschau beginnen!

Du ersuchst Feuerstein, alles zu erzählen, von Anfang an. Der Urgeschichtsprofessor läßt sich nicht zweimal bitten. Er scheint sich dir verpflichtet zu fühlen.

„In der Nähe von Altenburg am Kamp, beim Umlaufberg, wollte ich meinen Urlaub verbringen – natürlich nicht mit Nichtstun. Vom Umlaufberg weiß man, daß sich dort vor etwa 2000 Jahren eine keltische Hochsiedlung befand. Zufällig traf ich in der Gegend Feuchtmüller, diesen verrückten Hund."

„Ist das der große Blonde?" möchtest du wissen.

Professor Feuerstein nickt. „Ich kenne Feuchtmüller schon lange. Der Linzer leitet einen Keltenzirkel. August Feuchtmüller betreibt Ahnenforschung. Wenn du mich fragst: Er ist ein Spinner! Ein Keltenschädel in einem Museum erinnerte ihn so stark an seinen Großvater, daß er seither überzeugt ist, seine Vorfahren seien ohne Ausnahme Kelten gewesen. Er hat sich in den Kopf gesetzt, alles, was man über die Kelten weiß, in Erfahrung zu bringen – und noch ein bißchen mehr. Seit Jahren hilft er bei Ausgrabungen mit, und sein größter Traum wäre es, einmal einen keltischen Helm, einen Armreifen oder dergleichen zu finden. Als ich das Schwert und die Münzen entdeckte, wußte ich: So viel Glück hat man nur einmal in hundert Jahren! Ich wollte Feuchtmüller meinen Fund verheimlichen, um nicht seinen Neid zu wekken. Das war wahrscheinlich ein Fehler. Ich ging damals sogar soweit, daß ich ihm einen Diebstahl zutraute. Irgend etwas muß er jedenfalls gemerkt haben. Von diesem Augenblick an, als er ahnte, daß ich ein Geheimnis vor ihm hatte, wurde er zu meinem Gegner. Vielleicht hält er mich seither für einen Grabräuber oder was ähnliches, der seinen Fund um teures Geld ins Ausland verkaufen will. Ich verpackte Schwert und Münzen sorgfältig, um meinen Fund in Wien genau untersuchen zu können. Als es Feuchtmüller nicht gelang, mir mein Geheimnis zu entlocken, setzte er diese Journalistin auf mich an."

„Die Frau mit den grünen Augen?"

„Ja, die Bognerova. Sie ist mit Feuchtmüller befreundet. Er dachte, eine schöne Frau würde vielleicht eher etwas aus mir herausbringen."

„Und hat sie das?"

„Ich glaube nicht. Jedenfalls waren die beiden drauf und dran, mir meinen Fund abzujagen. Ich war in einem bedauernswerten Zustand, als der Zeitungsbericht erschien."

„Was ist daran wahr?"

„Alles aufgebauscht. Aus dem Museum wurde nichts gestohlen. Die Leute haben nur beim Umräumen ein paar Dinge verlegt und nicht gleich wieder gefunden. Schon hatte die Bognerova ihre schöne Nase hineingesteckt – und am nächsten Tag erschien der Artikel. Er sollte mich in ein schiefes Licht bringen. Denn niemand von den Fachleuten glaubt, daß man auf dem Umlaufberg heutzutage noch solche Dinge entdecken kann. Wenn ich jetzt mein Schwert herzeigte, konnte man vielleicht denken, es sei aus dem Museum entwendet worden. Das ist natürlich Unsinn. Zu allem Überfluß erkrankte ich auch noch an einer Darmgrippe. Der Kongreß in Drosendorf mußte abgesagt werden. Auf Stift Altenburg wollte ich einer Bekannten heimlich mein Paket übergeben, damit sie es für mich nach Wien bringen konnte. Doch die Dame war leider zum ausgemachten Zeitpunkt nicht da. Ihr Kleinwagen hatte irgendwo unterwegs eine Panne. Meine Darmgrippe quälte mich immer ärger. Ich war wirklich in einer schlimmen Verfassung. Da sah ich dich!"

„Mich?" fragst du erstaunt.

„Ja, dich. alles weitere weißt du ja."

„Nicht alles. Wieso kamen Sie ausgerechnet auf mich?"

Feuerstein zuckt mit den Schultern. „Ich weiß nicht", gesteht er. „Zufall wahrscheinlich. Aber bei deinem Anblick war mir schlagartig klar, daß du meinen Fund zu retten bereit wärst, zumindest bis meine Bekannte eingreifen konnte."

Was jetzt kommt, ist dir eher peinlich. So viele Komplimente auf einmal hast du noch nie über dich ergehen lassen müssen. Feuerstein erklärt, daß er von Anfang an Vertrauen in dich setzte. Er sei ein guter Menschenkenner. Du wärst ihm, gleich auf den ersten Blick, grundanständig vorgekommen. Dein offenes Gesicht sei ihm aufgefallen, dein aufrichtiges Wesen, deine ehrlichen Augen. Und viel Auswahl und Zeit habe er ja nicht gehabt. Aber er habe sich nicht getäuscht in dir. Du hättest die Sache zu einem guten Ende gebracht.

„Ihre Bekannte“, sagst du und wechselst das Thema, weil dir Feuerstein fast schon zu dick aufträgt, „hat die zufällig eine Nickelbrille? Eine mit runden Gläsern?“

„Allerdings“, nickt Professor Feuerstein überrascht. Die Salomon, diese ... wie soll ich sagen ... hagere Person mit dem wirren Haarschopf ist vielleicht etwas verschroben, aber durchaus liebenswert, durchaus. Ist sie dir auch über den Weg gelaufen?“

Du nickst. Ein bißchen bist du enttäuscht von der Biologin. „Dann stimmt es also gar nicht, daß sie auf der Suche nach Gottesanbeterinnen und Ziegenmelkern war?“

„Doch“, ruft Feuerstein. „Das ist ja das Verrückte an dieser Geschichte. Eigentlich sollte sie nur meinen Fund abholen – möglichst unauffällig. Doch als sie eintraf, zu spät bekanntlich, war sie von der Pflanzen- und Tierwelt des Waldviertels so angetan, daß sie bald vergessen hatte, weswegen sie eigentlich gekommen war. Sie streifte nur mehr mit Lupe und Notizblock bewaffnet durch das Kamptal. Daß du ihr begegnet bist, war eher Zufall, würde ich sagen.“

„Ich glaube nicht an Zufälle“, behauptest du. „Und die Geheimbotschaften?“

„Ich wußte, daß Feuchtmüller und die Bognerova deine Spur aufgenommen und sich an deine Fersen geheftet hatten, nachdem das Paket bei dir war. Aber ich versuchte, deine Reiseroute stets im Auge zu behalten. Ich muß-

te vorsichtig sein. Ich konnte dich nicht anrufen, weil ich ja nur ungefähr wußte, wo du dich aufhieltest. Also schrieb ich möglichst viele Botschaften mit dem verschlüsselten Namen der Ruine und versuchte, sie dir zuzuspielen."

„Und wie viele solcher Botschaften haben Sie verfaßt?" willst du wissen.

„Gut ein Dutzend, wahrscheinlich mehr", sagt Feuerstein nach kurzem Überlegen.

„Ein Dutzend?" Das will dir gar nicht in den Kopf. „Ich kann mich nur an eine erinnern."

„Macht nichts", lächelt Feuerstein. „Die eine, die du entziffern konntest, hat genügt."

„Aber Feuchtmüller war auch da", murrst du. „Wahrscheinlich war er schon vor mir auf der Ruine. Woher wußte er …? Und die Salomon traf ich auch nachts auf Kollmitz."

„Feuchtmüller muß eine der Geheimbotschaften abgefangen haben", erklärt Feuerstein, „und wollte uns vielleicht bei der Übergabe stören."

Du denkst nach. Ja, so muß es gewesen sein. Die Gaststätte vor der Rosenburg kommt dir wieder in den Sinn.

„Er hat die Botschaft schneller entziffert als ich", grollst du und ärgerst dich im nachhinein ein wenig.

„Wenn schon", tröstet dich der Professor. „Das Paket konnte oder wollte er dir ja doch nicht abjagen. Ich vermute, er wäre auch ohne Botschaft nach Kollmitz gekommen. August schaut sich nach einem geeigneten Versammlungsort für seinen Keltenzirkel um. Die Ruine könnte ein neuer Treffpunkt für alle Keltenfreunde werden. Daß die Salomon nach Kollmitz kam, war eher Zufall.“

Aber an Zufälle glaubst du, wie gesagt, nicht – nicht in dieser Geschichte. „Und wann trafen Sie eigentlich ein? Ich habe mir gestern die Augen nach Ihnen aus dem Kopf geguckt!“ sagst du mit leichtem Vorwurf in der Stimme. „Zeitweise war ich gestern nacht ganz auf mich allein gestellt!“

„Ich wollte zur Stelle sein. Aber ein Rückfall hat mich daran gehindert. Du weißt ja, meine Darmgrippe. Auch heute habe ich auf der Ruine noch ein bestimmtes Örtchen …“

„Letzte Frage“, sagst du und schneidest dem Professor respektlos das Wort ab. „Warum ausgerechnet Kollmitz?“

„Ganz einfach“, schmunzelt Feuerstein. „Weil ich hier geboren bin. Ich kenne die Ruine wie meine Westentasche. Wir spielten als Kinder hier gern Räuber und Gendarm.“

„Und welche Rolle spielten Sie lieber?“ willst du wissen.

„Das ist eine Frage zuviel, noch dazu eine sehr persönliche“, tadelt dich Feuerstein und lacht. Er scheint seine Darmgrippe nun endgültig überwunden zu haben.

Ende II

Kannst du dich an einige Geheimbotschaften erinnern? Die erste war im Mohnnudel-Rezept verborgen, die nächste in der Liste mit den Gewürzen. Und die zwei anderen waren ohnehin deutlich als verschlüsselte Nachrichten zu erkennen.

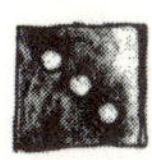

145

Du sprintest vom äußeren Burghof am zweiten Torturm vorbei, einen schmalen, halb verwachsenen Pfad entlang, der bergab führt. Holunderzweige peitschen dir ins Gesicht. Mit Mühe kannst du einen Sturz verhindern. Schon hast du die kleine Pforte in der Mauer erreicht! Du rennst hindurch und hältst dich scharf rechts. Doch die einfache hölzerne Hütte mit dem herzförmigen Fenster in der Tür ist verschlossen. Du bist wieder um eine Hoffnung ärmer – um die letzte. Es ist zum Verzweifeln, zum Ver-zwei …! Weiter bei **146**.

146

Plötzlich wird – o Schreck! – die Holztür von innen aufgestoßen. Aus dem einsamen Örtchen tritt ein Mann mit hoher Stirn, Knollennase und langem Nackenhaar – Merkwürden Emmerich Feuerstein, der Urgeschichtler. Ja, er ist es! Er ist es! Du bist gerettet. Der Mann, der dir sein Paket anvertraute, ist nicht länger verschollen. Du kannst den Keltenschatz endlich zurückerstatten! Ein Stein, groß wie ein Waldviertler Granitblock, fällt dir vom Herzen! Weiter bei **172**.

147

Plötzlich ist gefährliches Knirschen über dir. Du blickst hoch und erstarrst vor Schreck: Ein Mauerstein hat sich

gelöst und droht auf dich zu stürzen! Die Schallwellen der knatternden Motorräder haben ihn gelockert! Du bist in größter Gefahr! Würfeln! (Oder Daumenkino)

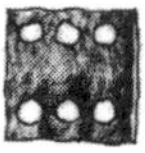 oder 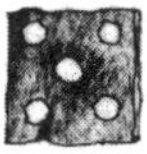

Während du – ein Schrecksekunde zu lang – nach oben starrst, setzt sich der Stein bereits in Bewegung und stürzt in die Tiefe. Du kannst das Ärgste abwenden, wirst aber – leider – am Fuß verletzt. Du mußt deine Suche nach Feuerstein sofort abbrechen und darfst nur mehr an dich selbst denken, nämlich: Woher soll jetzt Hilfe kommen?
„Und was ist mit dem Abenteuerspiel?“ fragst du. Es ist an dieser Stelle für dich zu Ende! (Es sei denn, du willst noch einmal würfeln! Vielleicht solltest du aber vorher einen Steinschlag-Schutzhelm aufsetzen, ein Modell, wie es die Bergleute tragen!)

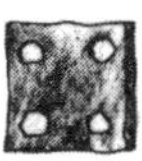 oder 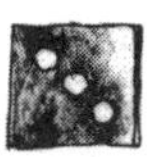

Der riesige Mauerstein saust herab und streift dich an der Schulter. Dein Schock ist gewaltig, jedenfalls schwerer als deine harmlose Verletzung. Du kannst deine abenteuerliche Unternehmung fortsetzen. Aber wie lange noch? Weiter bei **78**.

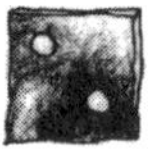 oder 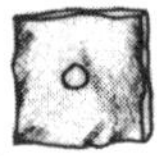

Im letzten Augenblick springst du zur Seite. Keine Handbreit neben dir saust der Stein mit dumpfem Geräusch in den Boden und zersplittert krachend. Das war wohl Glück! Aber wie heißt es? Glück hat auf die Dauer nur der Tüchtigere! Weiter bei **78**.

148

Was jetzt auf dich zukommt, ist unbestritten der grausige Höhepunkt dieser Schreckensnacht. Zunächst denkst du noch an eine Halluzination, an eine nordische Fata Morgana! Im Vollmond, der sein fahles Licht durch die Fensterhöhlen streut, zeichnen sich die Umrisse eines keltischen Kriegers ab! Ein gräßlicher, ein furchterregender Anblick!

Du wischt dir über die Augen, glaubst an einen schlimmen Alptraum. Nein, es ist kein Trugbild! Eine hünenhafte, kraftstrotzende Gestalt mit einer Maske vorm Gesicht taumelt auf dich zu! Das lange, helle Haar steht in hochaufgerichteten Büscheln vom Kopf, als wäre es mit Gipswasser versteift. Gleich wird die Karnyx, die Kriegstrompete, ertönen und der keltische Krieger einen wilden Schlachtgesang anstimmen. Deine Nervenstränge sind zum Bersten gespannt.

Obwohl der Anblick des Hünen alle Alarmglocken in dir zum Läuten bringt, entgeht dir eines nicht: Der Keltentyp kommt mit leeren Händen auf dich zu! Wo

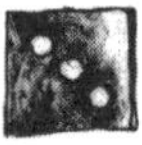

sind seine Waffen? Wo ist der typische Keltenschild mit den eisernen Buckeln? Und wo ist das Schwert dieses Kriegers? Weiter bei **155**.

149

Jedenfalls hast du endlich eines der Rätsel gelöst – und nicht das leichteste. Es kann sich nur um die Ruine Kollmitz handeln. Bravo! Deine Beharrlichkeit hat sich gelohnt, und du hast das untrügliche Gefühl, ein gutes Stück weitergekommen zu sein. Ob es allerdings Feuerstein war, der dir die Geheimbotschaft zuspielte, ist nicht bewiesen. Hoffentlich will man dich nicht in eine Falle locken!

Du beschließt, die Umgebung von Kollmitz unter die Lupe zu nehmen. Wie willst du zur Ruine gelangen? Von Kollmitzgraben aus? Weiter bei **150**. Von Kollmitzdörfl? Weiter bei **81**. Oder über den Kollmitzberg? Weiter bei **16**. Du wirfst einen Blick auf deine Landkarte.

150

Wolken sind aufgekommen. Schwer und bleigrau hängen sie über dem Land. Man ahnt den Regen. Du entzifferst das Ortsschild: Kollmitzgraben. Das ganze Dorf macht einen verlassenen, unheimlichen, fast gespenstischen Eindruck. Kein einziger Mensch ist dir auf der engen Straße begegnet, die, von einem Bach begleitet,

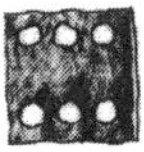

nach Osten durch einen dichten Wald zum Dorf führt. Dort drüben thront sie seit Menschengedenken auf den steilen Klippen, die mächtige alte Festung, erhebt sich hoch über das Tal der Thaya – ein stummer Zeuge versunkener Zeiten. Schatten ruhen auf dem Gemäuer – sind es die dunklen Schatten der Vergangenheit?

Aber zum Grübeln ist jetzt keine Zeit! Das einzige, was dich jetzt noch von deinem Ziel trennt, ist der Fluß – die Thaya. Weiter bei **151**.

151

Um vom Kollmitzgraben zur Ruine zu gelangen, mußt du die Thaya überqueren. Die schmale Eisenbrücke, die über den Fluß führt, sieht nicht eben vertrauenserweckend aus. Sie ist an vielen Stellen schadhaft, die Farbe abgeblättert. Ein Blumenkistchen ohne Blumen hängt am rostzerfressenen Geländer. Ob hier Besucher überhaupt willkommen sind? Vielleicht solltest du dich vorher erkundigen; ein Gasthaus wird es ja hier wohl geben. Aber deine Hoffnungen werden enttäuscht. „Gasthaus stillgelegt“ ist auf einer Papptafel hinter den trüben Fensterscheiben zu lesen.

- Wagst du es, die Brücke zu betreten, um an das andere Thaya-Ufer zu gelangen? Weiter bei **10**.
- Oder suchst du nach einer anderen Möglichkeit, den Fluß zu überqueren? Weiter bei **152**.

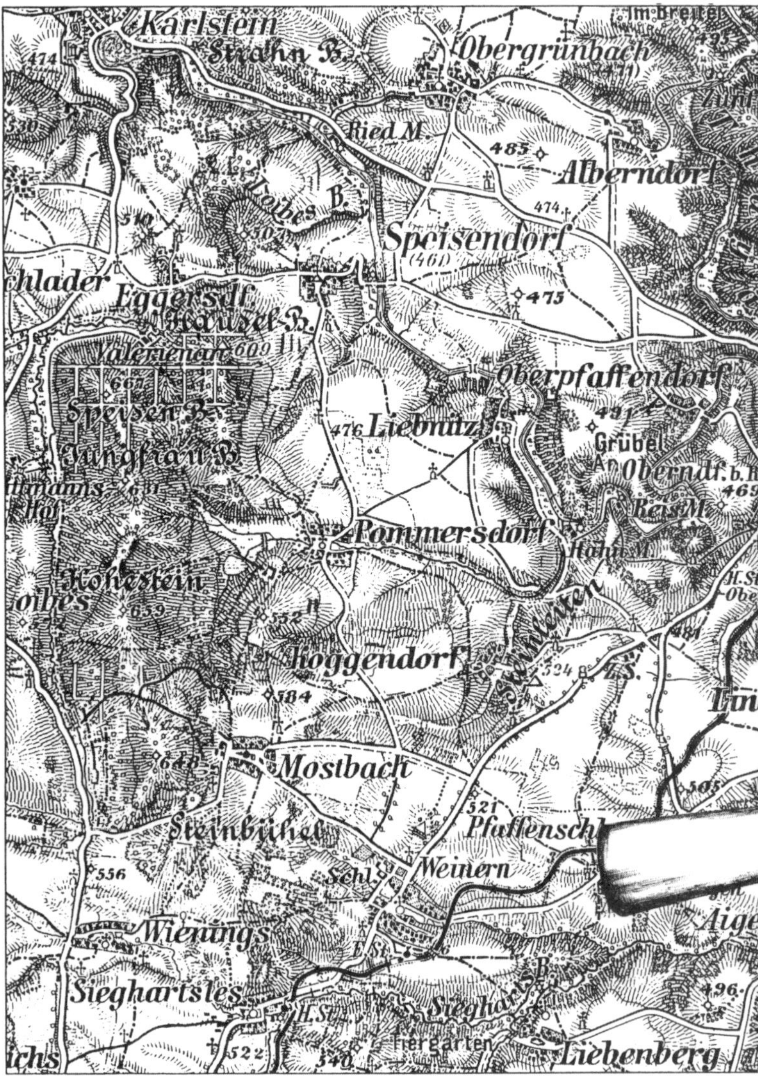
Karlstein
Strahn B.
Obergrünbach
Im Breiten
Ried M.
Alberndorf
Loibes B.
Speisendorf
(461)
Eggersdf.
Hausel B.
Valerienan
Oberpfaffendorf
Speisen B.
Liebnitz
Grübel
Jungfrau B.
Oberndf. b. R.
Reis M.
Pommersdorf
Hahn M.
Hohestein
Roggendorf
Z. S.
Mostbach
Pfaffenschl
Steinbühel
Schl.
Weinern
Wienings
Aigen
Sieghartsles
H. St.
Tiergarten
Liebenberg

Großau
Gaber M.
Nondorf
514
518
Muttergrabenfeld
Seefeld
Trabersdf.
Zemmendf.
Zabernreith
Primersdorf
Modsiedl
(480)
Eckerreith
Zoching
aabs a. d. Thaya
Galgenfeld
455
396
Unterrei
Kollmitz B.
600
Kollmitzdörfl
Kollmitz
Haidl M.
Kollmitzgraben
488
Radl
(464)
Schweinburg

152

Du wanderst ein Stück flußabwärts bis zur Haidlmühle, dann ein Stück flußaufwärts, von einer Brücke ist allerdings weit und breit nichts zu sehen. Weder Boote noch eine Fähre oder einen Kahn kannst du irgendwo entdekken. Als ein Kajakfahrer auftaucht, schöpfst du kurz Hoffnung, doch das schmale einsitzige Gefährt kann dich (und deinen schweren Rucksack) nie und nimmer aufnehmen. Es bleibt dir nichts anderes übrig, als die rostige Brücke in Kollmitzgraben zu benützen (weiter bei **10**). Oder aber du ziehst Schuhe und Strümpfe aus, kletterst in das Flußbett hinab und versuchst, die Thaya zu durchwaten. Im Augenblick führt sie anscheinend wenig Wasser, denn in der Mitte des Flusses hat sich eine ausgedehnte Insel gebildet, die die Wildenten als Brutplatz benützen. Weiter bei **153**.

153

Nach einigem Suchen entdeckst du eine Stelle, an der du zum Fluß hinunterklettern kannst. Die Überquerung gelingt, dein Selbstvertrauen ist gestärkt, und du betrittst am linken Thaya-Ufer wieder „Festland“. Weiter bei **11**.

154

Wie ein Hase, von den Jägern umstellt, hetzt du hin und her. Ob es noch ein Entkommen für dich gibt? Von allen Seiten drängen Menschen in die alte Burg. Da hast du

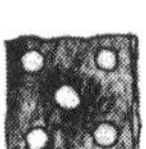

wieder einmal eine deiner berühmten Ideen; es könnte die rettende sein. Einen Ausweg gibt es – vielleicht – noch! Eine winzige Chance ist dir geblieben! Wenn deine Verfolger auch daran gedacht haben, dann hast du verloren, dann bleibt dir nichts anderes übrig, als aufzugeben. Bei allen guten Burggeistern! Weiter bei **145**.

155

Plötzlich steigt ein schrecklicher Verdacht in dir hoch. Dies ist der Besitzer des Keltenschwertes, das du nun schon tagelang sinnlos mit dir herumschleppst. Irgend jemand hat seine Grabbeigaben geraubt, und nun ist der Geist dieses Kelten gekommen, um sich die Waffe von dir zurückzuholen – und mit Sicherheit auch die Münzen! Du hättest sie doch in einer Bank verwahren lassen sollen! Weiter bei **156**.

156

Die Knie sind dir so weich geworden wie die Schokolade in deinem Rucksack. Zitternd vor Aufregung durchwühlst du deine Vorräte. Leider hast du das meiste schon aufgegessen. Was hast du alles dabei, was du zu deiner Verteidigung benützen könntest? Oder willst du gar zum Angriff übergehen? Gegen einen furiosen keltischen Krieger? Bewahre!

- Eine Fahrrad-Luftpumpe — Weiter bei **157**
- Eine Stange Dauerwurst — Weiter bei **158**

- Ein uraltes rostiges Schwert (!), angeblich aus der Keltenzeit. Du müßtest es allerdings erst aus der Verpackung schälen, und das kann länger dauern, als dir lieb ist. Weiter bei **159**
- Eine Dose Thunfisch Weiter bei **170**

157

Der Kelte wird deine Luftpumpe wie ein Streichholz in Stücke brechen, ehe er sich mit infernalischem Gebrüll auf dich stürzen wird. Du Unglückselige(r), das war die falsche Wahl! Du bist so gut wie verloren! Weiter bei **171**.

158

Mit der Stange Wurst fährst du vielleicht ganz gut. Du mußt nur darauf achten, daß du sie wie ein Schwert gebrauchst, weit ausholst und den Streich von links oben nach rechts unten führst (wenn du Rechtshänder bist). Du bist Linkshänder? Dann mußt du einen Streich von rechts oben nach links unten führen. Wichtig: Du mußt den Kelten mit der Wurst auf Nase oder Mund treffen. Der Geruch wird ihn ablenken und möglicherweise von seinem eigentlichen Vorhaben abbringen. Weiter bei **171**.

159

Du wirst doch nicht zum Schwert greifen! Dieses Ding hat 2000 Jahre auf dem Buckel! Du kannst es mit bloßen Händen verbiegen, vorausgesetzt, du kommst überhaupt noch dazu, es auszupacken! Leider, das war die falsche Wahl! Weiter bei **171**.

160

Du bist – zum Glück – im Irrtum: Es ist kein keltischer Krieger, der da bedrohlich vor dir auftaucht, es ist August Feuchtmüller, der Linzer Lehrer! Du stürzt dich auf ihn, um ihm die Maske vom Gesicht zu reißen. Entsetzt mußt du feststellen, daß es keine Maske ist! Auf der Suche nach dir, besser gesagt, nach dem Paket, ist er in den südöstlichen Anbau der Ruine geraten und in den Brunnenschaft gestürzt. Sein Gesicht ist mit einer Schmutzschicht bedeckt.

Feuchtmüllers Aufschrei hast du aus der Ferne hören können. Zum Glück ist es ihm gelungen, sich aus eigener Kraft zu befreien. Da er an den Beinen Verletzungen davontrug, riß er sein Hemd in Streifen, um seine Wunden damit zu verbinden.

„Aber wie kommen Sie zu dieser prachtvollen Keltenfrisur?“ fragst du und betrachtest bewundernd dein Gegenüber im Mondlicht. Deine Angstzustände haben sich glücklicherweise etwas gelegt. Feuchtmüllers Haartracht würde jeden Punk vor Neid zum Erblassen bringen.

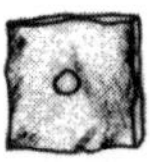

„Keltenfrisur? Wieso?“ fragt Feuchtmüller, springt auf und will sich durch die Haare fahren. Es knirscht und kratzt, Sand bröselt vom Haupt des Lehrers. Der befingert überrascht seine steil aufgerichtete Mähne.

„Das kann nur von dem Sturz in den Brunnenschacht kommen“, murmelt der Hüne aufgeregt. „Ich kann mich noch dunkel, sehr dunkel erinnern: Eine Menge Staub und Schutt rieselte hinter mir nach, als ich in dem Schacht verschwand. Das meiste davon landete auf meinem Kopf. Wahrscheinlich standen mir vor Schreck die Haare zu Berge. Der Dreck hat meine Horrorfrisur nur gefestigt. Ja, so könnte es gewesen sein.“

„Und was“, fragst du vorsichtig, „hat Sie nun wirklich auf die Ruine geführt? Wollten Sie im Brunnenschacht nach Kelten forschen?“ Weiter bei **161**.

161

Feuchtmüller wirft dir einen unfreundlichen Blick zu. „Ich denke, du weißt das genau. Ich war auf der Suche – unter anderem nach dem Paket“, erklärt er. „Die ganze Strecke bin ich dir gefolgt – unauffällig, versteht sich. Übrigens, wo ist es denn, dein Paket?“

„Es ist nicht meins“, erklärst du, „und es ist nicht hier.“ Das kannst du ruhig behaupten. Feuchtmüller würde deinen Rucksack auf der Ruine in dieser Finsternis bestimmt nicht finden. „Aber ich kann Ihnen verraten, was es enthält.“

„Was?“ schreit Feuchtmüller in höchster Erregung. Er sieht aus, als würde er sich im nächsten Augenblick auf dich stürzen, um dir die Antwort zu entreißen.

„Ein keltisches Schwert“, antwortest du und versuchst, so ruhig wie möglich zu bleiben, „ein Schwert und ein paar alte Münzen“.

Der blonde Riese sieht aus, als ob er jeden Augenblick in Tränen ausbrechen könnte. Gruß- und wortlos stolpert er davon. Auf einmal macht er kehrt und kommt zurück. Weiter bei **162**.

162

„Eins noch“, sagt der Linzer Lehrer. „Du hast dich wakker gehalten! Das wollte ich dir sagen.“ Er klopft dir mit der Hand auf die Schulter, daß du beinahe in die Knie gehst. „Du hättest einem Kelten alle Ehre gemacht. Diesmal war Feuerstein der Glücklichere – der verrückte Hund. Wenn du mich fragst: Emmerich Feuerstein ist ein Spinner! Aber ich gönne ihm seinen Fund, obwohl er mich im dunklen tappen ließ. Ich wäre dafür eingetreten, daß dieser Keltenschatz im Waldviertel bleibt; in einem Museum in Eggenburg, in Horn oder in Drosendorf. Feuerstein wird ihn nach Wien bringen … Aber noch ist nicht aller Tage Abend; der Umlaufberg und das Kamptal haben bestimmt noch manche Geheimnisse für unsereins parat – Dolmen! Menhire! Megalithen! Übrigens“, er senkt die Stimme zu einem geheimnisvollen Flüstern, „wenn du Mitglied in unserem Keltenzirkel werden willst: Wir treffen uns nächstes Wochenende beim Bettelweibstein in Gars, einem uralten keltischen Opferstein.“

Wieder einmal in dieser Nacht läuft es dir kalt über den Rücken. Du murmelst ausweichend, daß du es dir

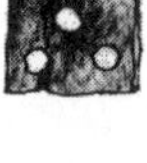

noch überlegen willst. Feuchtmüller hat deine Antwort nicht mehr abgewartet. Mit Riesenschritten verläßt der Hüne den Burghof. Du starrst ihm nach, bis er in der Dunkelheit verschwunden ist. Ganz sicher bist du dir nicht, ob es nicht doch ein Kelte war, mit dem du zu tun hattest. Bald darauf hörst du allerdings einen Wagen davonfahren. Weiter bei **87**.

163

Da – was ist das? Der Mann geht in die Knie; faßt sich an die Brust! Ob er Hilfe braucht? Ist dies das tragische Schicksal einer ruch- und ruhelosen sündigen Seele?

Sollst du dein Versteck verlassen und dem Fremden beistehen? Weiter bei **164**. Oder möchtest du lieber abwarten? Weiter bei **165**.

164

Du nimmst den vorletzten Rest Mut zusammen, der dir geblieben ist, verläßt dein sicheres Versteck und willst dem Edelmann tatsächlich zu Hilfe eilen. Bewundernswert, wie du deine Ängste verdrängst! Aber auf halbem Weg, bevor er dich bemerkt, hältst du an, duckst dich. Der Mann hat deine Hilfe nicht länger nötig! Er steht bereits fest auf beiden Beinen! Auf leisen Sohlen kehrst du an deinen sicheren Platz zurück. Weiter bei **166**.

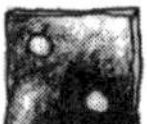

165

Du hältst es für klüger, abzuwarten? Gehören Mut und Tatkraft nicht mehr zu deinen Stärken? Aber deine Vorsicht ist angebracht, und diesmal ist ein Eingreifen nicht notwendig. Weiter bei **166**.

166

Der Mann steht wieder! Je länger du ihn betrachtest, desto überzeugter bist du: Dieser Ritter ist kein Geistwesen, der ist aus Fleisch und Blut. Jetzt hebt er beide Arme beschwörend zum wolkenverhangenen Mond hoch und beginnt mit lauter Stimme zu sprechen. Er deklamiert ein Gedicht, jawohl, der Gute trainiert ein Liebesgedicht! Unglaublich! Weiter bei **131**.

167

Du gibst alle Vorsicht auf und stellst dich dem Meistersinger, oder was immer er sein mag. Wenn es um Lyrik geht, machst du keine halben Sachen. Als du so plötzlich im Burghof auftrittst, ist der Barde nicht wenig überrascht. Bevor er dazu kommt, sein Schwert zu ziehen, erklärst du ihm wortreich, daß eine Liebeserklärung, so sie erfolgreich sein will, anders lauten muß. Weiter bei **168**.

168

Der gute Mann ist nicht leicht zu überzeugen. Er hat schon mehrmals die Pradler Ritterspiele besucht und möchte etwas Ähnliches auf Ruine Kollmitz auf- und einführen. Allerdings weiß bis jetzt noch niemand davon, außer dir und dem Vortragenden. Der Fremdenverkehrsverband und der Besitzer der Ruine müssen erst ihre Zustimmung geben.

Du fühlst dich geehrt, daß dich der junge Mann ins Vertrauen gezogen hat. Er stammt aus der Gegend, erzählt er dir. Der Brotberuf des falschen Ritters ist übrigens Bauer. Ob du auch eine Rolle haben möchtest, wenn sein Plan verwirklicht wird? Du willst es dir noch überlegen, aber du findest die Idee glorreich: Waldviertler Sommerspiele auf Ruine Kollmitz!

Gemeinsam setzt ihr euch auf eine der Bänke und dichtet das Liebeslied um. Du machst den Anfang: „Der Anblick Eurer roten Wangen / nahm mich von Anfang an gefangen … Das ist Lautmalerei!

Als ihr euch trennt, weil der Kollmitzer Laienschauspieler zeitig am Morgen in den Stall muß, um die Kühe zu füttern, hast du das Gefühl, einen Freund gewonnen zu haben. Weiter bei **169**.

169

Kaum hast du dieses atemberaubende Abenteuer hinter dich gebracht, lauert schon das nächste auf dich. Du möchtest jetzt endlich in deinen Schlafsack kriechen und

sanft entschlummern. Der Tag war anstrengend, und die Müdigkeit steckt dir in allen Knochen. Es muß längst Mitternacht vorbei sein. Doch noch sind Schlaf und Ruhe dir nicht beschieden! Während du dem verhallenden Hufgetrappel lauscht, beunruhigt dich ein neues Geräusch. Der kalte Schweiß auf deinem Rücken ist noch nicht getrocknet, da öffnen sich neuerlich deine Poren! Weiter bei **148**.

170

Die Dose Thunfisch verspricht noch am ehesten Erfolg gegen den hünenhaften Kelten, vorausgesetzt, du triffst! Doch bevor dein bebender Arm ausholt, legst du dein Wurfgeschoß wieder erstaunt beiseite. Was du siehst, willst du kaum glauben. Weiter bei **171**.

171

Deine überreizte Phantasie hat dir einen Streich gespielt, ist wieder einmal mit dir durchgegangen. Aber besser zu viel Phantasie als gar keine! Weiter bei **160**.

172

Du hast dich zweifellos bewährt! Die ganze Zeit über hast du dich für eine gute Sache eingesetzt. Du warst dem Bedrängten eine Hilfe, dem schrulligen Professor

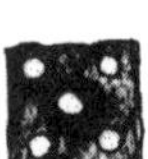

Feuerstein ein verläßlicher Treuhänder. Wie der Sänger Blondel auf der Suche nach Richard Löwenherz bist du deiner Berufung treu geblieben, hast ausgeharrt und dich nicht unterkriegen lassen. Wie ein Waldviertler Granitblock hast du allen Anfechtungen widerstanden! Weiter bei **173**.

173

Inzwischen haben dich einige Leute eingeholt. Sie umringen dich, klopfen dir auf die Schulter und wollen dir die Hände schütteln. Du verstehst gar nichts mehr! Weiter bei **55**.

174

Du beherrscht dich also und beläßt das Paket wie es ist, nämlich verpackt. Auf dem Gemeindeamt in dem kleinen Ort Altenburg gibst du das rätselhafte Ding ab – samt einigen Erklärungen. Deine Anständigkeit ehrt dich. Weiter bei **33**.

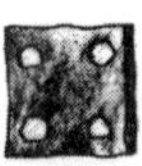

Quellenverzeichnis

Barta, Karl: *Führer durch die Sommerfrische Raabs a. d. Thaya.* Selbstverlag des Verkehrsvereines Raabs, 1961
Bletschacher, Richard: *Der Grasel – Chronik eines Räuberlebens.* Österreichischer Bundesverlag, Wien 1981
Feuchtmüller, Rupert: *Pernegg.* Niederösterreichisches Pressehaus Druck- und VerlagsgesmbH, ohne Jahresangabe
Gerlach, Richard: *Die Gefiederten.* Claassen Verlag, Hamburg 1960
Gsteu, Hermann: *Länderkunde Österreichs.* Verlagsanstalt Tyrolia, Innsbruck 1957
Gutkas, Karl: *Geschichte des Landes Niederösterreich.* Verlag Niederösterreichisches Pressehaus, St. Pölten 1974
Kaiser, Ulrich. *Das große Buch der Fantasy-Rollenspiele.* Corian-Verlag, Meitingen 1984
Knapp, Othmar. *900 Jahre Pfarre Raabs/Thaya.* Selbstverlag Pfarramt Raabs an der Thaya, 1982
Loskott, Herbert: *Kleiner Führer durch Kollmitzgraben und Aigen.* Selbstverlag, ohne Jahresangabe
Maurer, Manfred: *Furor.* Paul List Verlag, München 1991
Merian: *Wachau, Wald- und Weinviertel.* Hofmann und Campe Verlag, Hamburg, Heft 11/29. Jahrgang (November 1976)
Ohne Autorenangabe: *Wanderbares Niederösterreich* – Rundwanderwege. Amt der Nö. Landesregierung, Wien
Pittioni, Richard: *Vom Faustkeil zum Eisenschwert.* Verlag Ferdinand Berger, Horn 1964
Schrenzel, Maja: *Paul Troger – Maler der Apokalypse.* Österreichischer Bundesverlag, Wien 1985
Schweighofer, Pater Gregor OSB.: *Stift Altenburg.* Kolorit-Verlag, Wien, ohne Jahresangabe
Sklenitzka, Franz Sales: *Leseheft Niederösterreich.* Österreichischer Bundesverlag, Wien 1988

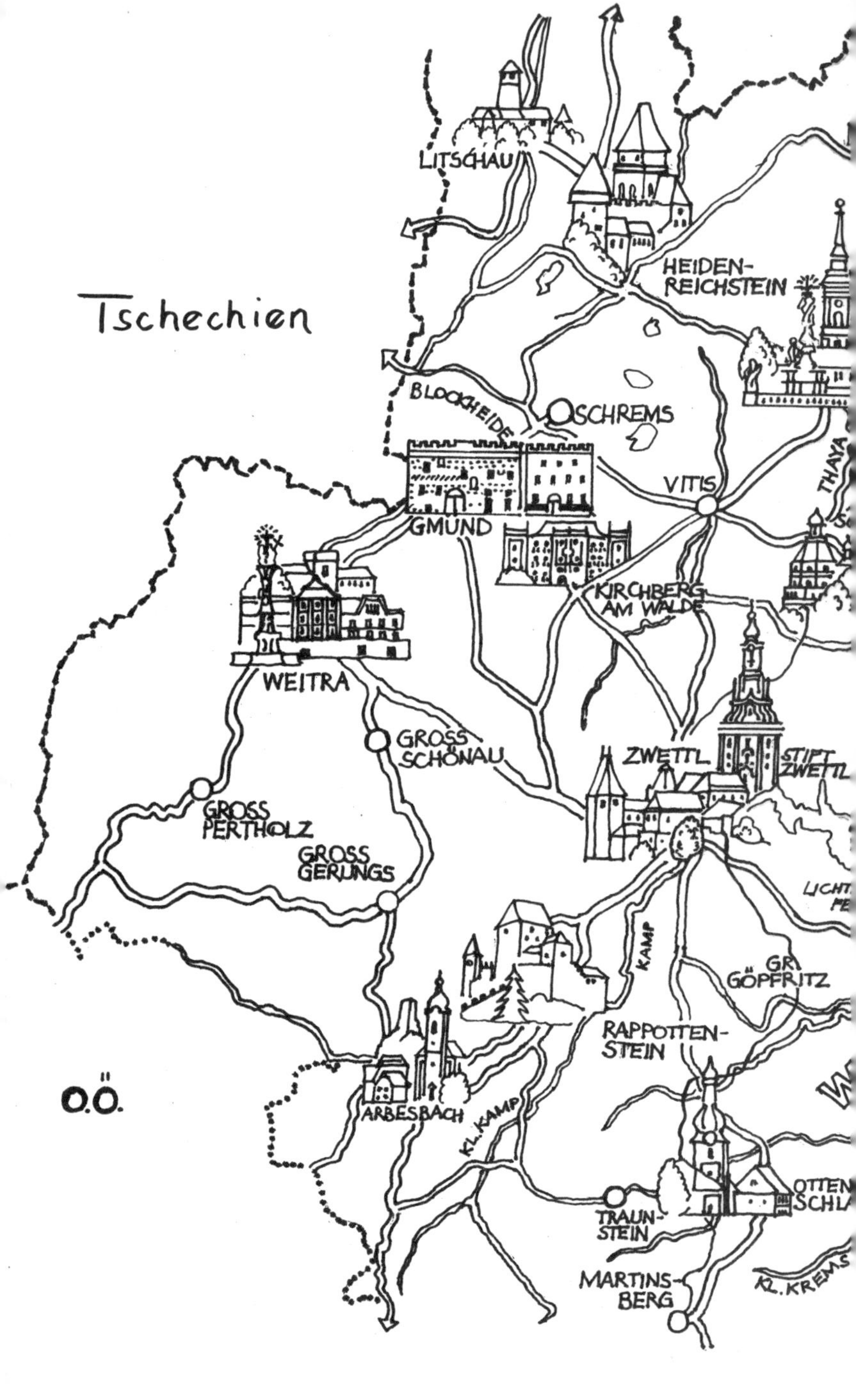

Tschechien
LITSCHAU
HEIDEN-
REICHSTEIN
BLOCKHEIDE
SCHREMS
THAYA
VITIS
GMÜND
KIRCHBERG
AM WALDE
WEITRA
GROSS
SCHÖNAU
ZWETTL
STIFT
ZWETTL
GROSS
PERTHOLZ
GROSS
GERUNGS
KAMP
GR.
GÖPFRITZ
RAPPOTTEN-
STEIN
O.Ö.
ARBESBACH
KL. KAMP
TRAUN-
STEIN
MARTINS-
BERG
KL. KREMS

THAYA
RAABS
A.D. THAYA
KOLLMITZ
DROSENDORF
HARDEGG
RIEGERS-
BURG
GERAS
ROSS-
EGHARTS
VIERTEL
PERNEGG
PULKAU
ALTEN-
BURG
GREILLEN-
STEIN
HORN
PULKAU
EGGENBURG
ALT-
PÖLLA
ROSENBURG
GARS
AM KAMP
MAISSAU
KRUMAU
AM KAMP
HEILIGENSTEIN
SENFTEN-
BERG
LANGEN-
LOIS
KAMP
KREMS